Basic Tapas

Valérie Berry
Fotos von Deirdre Rooney

Basic Tapas

AT Verlag

Inhaltsverzeichnis

Vorwort

Was ist der Ursprung der Tapas? Die Meinungen hierzu sind geteilt. Meine Lieblingsversion ist folgende: Als der spanische König Alfons X. – er lebte von 1221 bis 1284 – an Magenbeschwerden litt, verordnete ihm sein Leibarzt nur kleine Mahlzeiten und erlaubte ihm ein Glas Sherry zwischen den einzelnen Gängen. Als er wieder gesund war, hatte er so viel Gefallen an dieser Diät gefunden, dass er anordnete, künftig in allen Bars und Tavernen diese gesundheitsfördernde Ernährungsweise einzuführen. Eine andere Legende verlegt die Entstehung der Tapas – ausgehend vom spanischen Verb *tapar*, das »bedecken« bedeutet – in das Andalusien Ende des 19. Jahrhunderts, wo man die Weingläser mit einer Scheibe Chorizo oder Schinken abzudecken pflegte, um zu vermeiden, dass Staub oder Insekten in den Wein fielen. Dieser Brauch hatte zugleich den Vorteil, dass man zusammen mit dem Wein auch Nahrung zu sich nahm und so den Alkohol leichter vertrug …

Wie dem auch sei, die Geschichten über die Tapas sind nicht weniger vergnüglich als ihr Konzept an sich: Man gönnt sich etwa nach einem langen Arbeitstag eine kleine Pause unter Freunden und genießt einige Appetithäppchen, die den Gaumen kitzeln. Seit kurzem haben sich auch die spanischen Küchenchefs auf diese Tradition besonnen und kreieren oft kulinarische Meisterwerke im Miniaturformat. Jede spanische Provinz hat ihre eigenen Rezepte, und kein einziges Buch könnte sie in ihrer ganzen Vielfalt wiedergeben. Unser Ziel ist es, Ihnen einige klassische Rezepte zu vermitteln, wie etwa die berühmte Tortilla. Daneben möchten wir Sie aber auch mit ungewöhnlichen und neuen Kombinationen vertraut machen, wie zum Beispiel der Verbindung von Foie gras und Quittenbrot. Die Anzahl der in der Regel stets kleinen Portionen ist am Ende jedes Rezepts angegeben. Dabei sollte man wissen, dass eine klassische Tapas-Auswahl sechs oder sieben verschiedene Tapas umfasst.

Natürlich müssen Sie sich jedoch nicht streng an die Tradition halten. Beispielsweise kann man Tapas durchaus als ganzes Mittag- oder Abendessen anbieten. Zögern Sie in diesem Fall nicht, die Rezeptpalette über die kleinen Fingerfood-Häppchen hinaus auszuweiten. Hierfür schlagen wir Rezepte vor, die der klassischen Familienküche näher kommen als der hohen Kunst der Tapas. Spielen Sie den Trumpf der kleinen Portionen aus und servieren Sie diese in schön angerichteten Schälchen mit kleinen Gabeln und Holzspießchen, Suppen, Schokoladencreme und Sorbets in Minigläsern. Kurz, lassen Sie Ihrer Fantasie freien Lauf.

Einen kleinen Abschnitt in diesem Buch haben wir Rezepten vorbehalten, die minutenschnell zubereitet sind. So können Sie auch für Überraschungsgäste eine Tapas-Mahlzeit improvisieren – vorausgesetzt, Ihr Vorratsschrank ist entsprechend gefüllt. Daneben finden Sie auch Cocktailideen, wie den »Tinto Verano« oder das klassische Sangria-Rezept. Das Glossar am Ende des Buches erklärt die wichtigsten Begriffe aus der Tapas-Terminologie und die typischen Zutaten. Es soll Ihnen helfen, sich in einer spanischen Bar zurechtzufinden oder auch die klassischen Produkte auszuwählen, um sich Spanien ins Haus zu holen.

Zum Schluss noch eine kleine Warnung hinsichtlich des Würzens der Speisen: Die Geschmacksintensität der Gewürze variiert je nach Art ihrer Konservierung und nach ihrer Frische. Würzen Sie zunächst stets sparsam, und kosten Sie die Gerichte, bevor Sie nachwürzen.

Ich hoffe, dass Sie dieses Buch zu neuen Ideen inspiriert und Sie zu echten Tapas-*Aficionados* macht.

Direkt aus Spanien

Anchovis (Sardellenfilets) in Öl
Iberischer Schinken
Glasaale
Blutwurst
Serrano-Schinken

Idiazabal
Manchego
Lange rote
Paprikaschote
Kapern
Pimientos de Padrón
In Essig eingelegte Sardellenfilets

Verschiedene Oliven
Monte enebro
Eingelegte milde Pfefferschoten (Guindillas)
Getrocknete milde Pfefferschoten
Pimientos del piquillo
Getrocknete Ñora-Schoten
Queso de cabrales

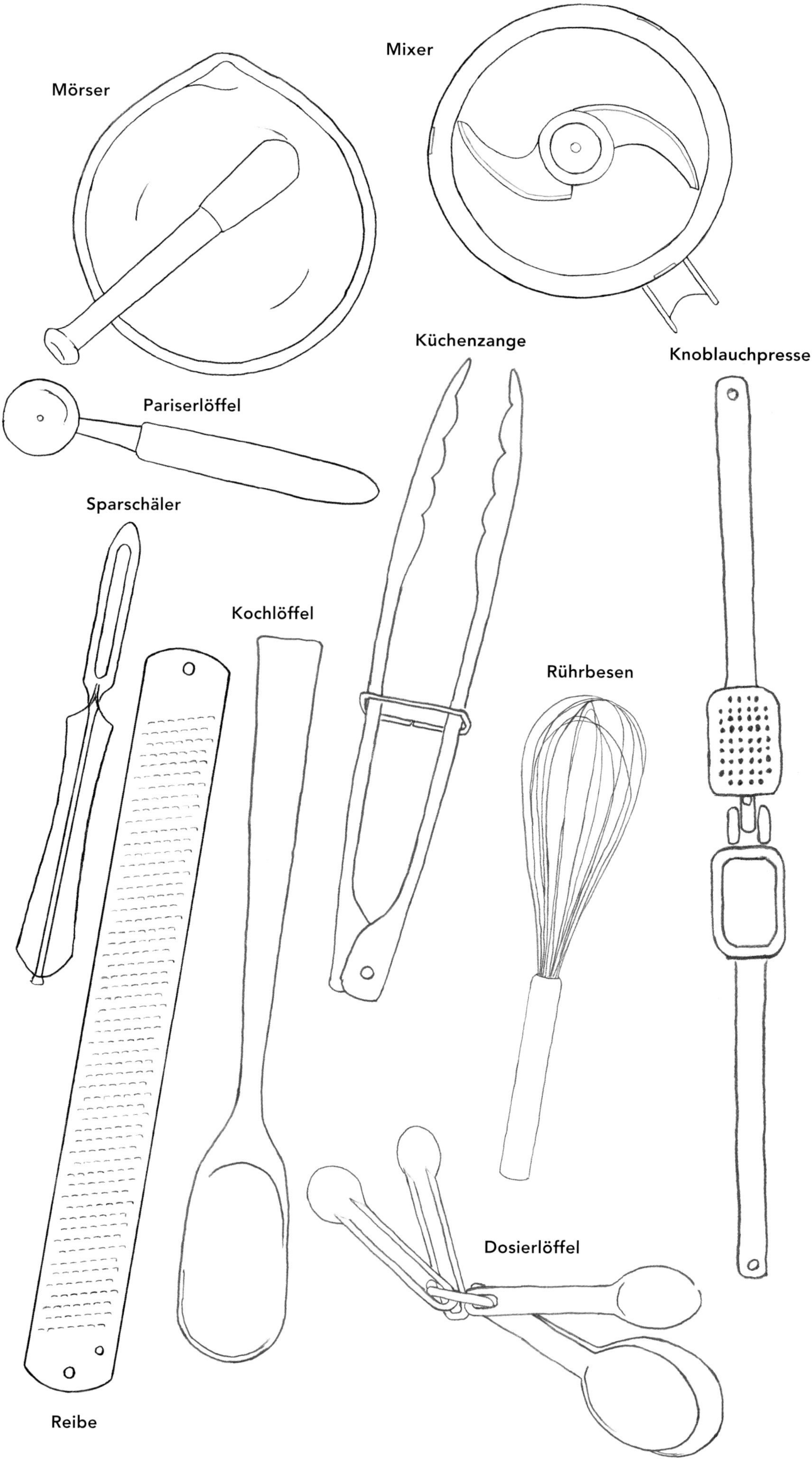
Mixer
Mörser
Küchenzange
Knoblauchpresse
Pariserlöffel
Sparschäler
Kochlöffel
Rührbesen
Dosierlöffel
Reibe

Küchenhelfer

Im Vorratsschrank

Unverzichtbar: Anchovis in Öl, Thunfisch, eingelegte Pfefferschoten (Chilis), Glasaale, Oliven,

esmuscheln à l'Escabèche, Sherryessig, Olivenöl, getrocknete Pfefferschoten und Safran.

Vorbereiten

Knoblauch Wählen Sie pralle Knollen, die sich fest anfühlen. Trennen Sie die Zehen von Hand ab und quetschen Sie sie vorsichtig mit einem Fleischklopfer: So löst sich die Haut fast von allein. Die Zehen längs halbieren, um den grünen, schwer verdaulichen Keim zu entfernen. Junger Knoblauch hat noch keinen Keim.

Bohnenkerne Für manche Rezepte braucht man geschälte Bohnenkerne. Die Bohnenkerne zuerst aus den Hülsen lösen und dann 2 Minuten in kochendem Wasser blanchieren. Abgießen und zum Abkühlen unter fließendes kaltes Wasser halten. Dann die Bohnenkerne zwischen Daumen und Zeigefinger nehmen und durch leichten Druck aus den Häutchen drücken.

Artischocken »Poivrade« (kleine Artischockensorte) Den Stiel auf etwa 5 Zentimeter kürzen, ungefähr zwei Lagen der äußeren harten Blätter entfernen, Faserreste am Stiel und Blattansätze am Boden mit einem spitzen Messer entfernen oder abkratzen. Die Blattspitzen mit einer Schere abschneiden und die Artischocken dann sofort in Zitronenwasser legen. Bei größeren Artischocken das sogenannte Heu entfernen. Dazu die Blätter vorsichtig auseinanderdrücken und das ungenießbare Heu mit einem Pariserlöffel oder Kugelausstecher entfernen.

Paprikaschoten röstet man, am besten gleich halbiert und entkernt, unter dem heißen Backofengrill, bis die Haut Blasen wirft und schwarz wird. Dann in eine Schüssel legen und diese mit Alufolie oder Frischhaltefolie bedecken, bis die Früchte nur noch lauwarm sind. Sobald man sie anfassen kann, ohne sich die Finger zu verbrennen, die Haut abziehen, die sich jetzt ganz leicht löst. Von ganzen Früchten nun noch die Samen entfernen und das Fruchtfleisch in Streifen schneiden.

Tomaten lassen sich einfach schälen, indem man sie an der Rundung am unteren Ende mit einer Messerspitze kreuzweise einritzt und 1 Minute in eine Schüssel mit kochendem Wasser legt. Dann die Tomaten herausnehmen, unter fließendem Wasser abkühlen und die Haut abziehen. Zum Entkernen die Tomaten halbieren und mit dem Daumen zwischen Fruchtfleisch und Kernen hindurchfahren. Die Kerne können auch mit einem kleinen Löffel entfernt werden.

Mandeln und Pinienkerne zum Rösten auf ein mit Backpapier belegtes Blech legen und in den auf 170 Grad vorgeheizten Ofen schieben. Pinienkerne brauchen ungefähr 10 Minuten, Mandelkerne ungefähr 20 Minuten. Dabei immer wieder kontrollieren, denn die Kerne können sehr schnell verbrennen. Nach dem Rösten die Kerne abkühlen lassen und luftdicht verschlossen aufbewahren.

Knoblauchzehen schälen

Bohnenkerne enthülsen

Artischocken vorbereiten

Paprika häuten

Tomaten häuten und entkernen

Mandeln und Pinienkerne rösten

Kalmare und Tintenfische Zunächst die Haut vom Körperbeutel abziehen, dann die Fangarme durch leichten Zug aus dem Körperbeutel ziehen; normalerweise werden dabei die Innereien mit entfernt. Nun den Schulp (das Fischbein) entfernen und den hornartigen Ring am Anfang der Fangarme abschneiden. Unter fließendem Wasser reinigen, die Flossen entfernen, dann Tentakel und Körper in Stücke schneiden. Um die Tinte von Tintenfischen zu gewinnen, zuerst die Fangarme abtrennen, den Körperbeutel vorsichtig aufschneiden, den Schulp entfernen und dann vorsichtig die Eingeweide mit dem Tintenbeutel herauslösen.

Miesmuscheln und Venusmuscheln immer unter reichlich fließendem Wasser waschen, offene und beschädigte Muscheln wegwerfen. Dann die Muscheln 30 Minuten in kaltem Wasser wässern, um Sand und Salz zu entfernen. Nochmals unter reichlich fließendem Wasser waschen, dabei die Muscheln gut hin- und herbewegen, die Schalen gründlich abbürsten und die »Bärte« (die Haftfäden) entfernen. Letzteres sollte allerdings erst kurz vor dem Kochen erfolgen, da die Muschel sonst abstirbt.

Sardellen und Sardinen Die Schuppen unter fließendem Wasser abkratzen, den Kopf abschneiden, den Bauch mit der Messerspitze aufschlitzen und die Innereien entfernen. Dann die Fische unter fließendem Wasser waschen. Die Rückengräte mit dem Daumennagel vorsichtig entfernen, dann die Fische nochmals innen und außen gut spülen, auf Küchenpapier legen und trockentupfen.

Garnelen oder Crevetten sollen fest, glänzend und von frischer Farbe sein, und der Kopf muss fest am Körper sitzen. Zuerst trennt man den Kopf ab, dann löst man den Schwanzpanzer ab, wobei das Schwanzfleisch nicht beschädigt werden sollte. Zuletzt die Garnelen dem Rücken entlang leicht einschneiden und den Darmfaden mit der Messerspitze entfernen.

Stockfisch legt man zum Entsalzen in ein großes Glas- oder Plastikgefäß, bedeckt ihn mit reichlich kaltem Wasser und wässert ihn 24 Stunden. Dabei das Wasser vier- bis fünfmal wechseln. Anschließend Haut und Gräten des Stockfischs vor dem Kochen entfernen.

Getrocknete Pfefferschoten oder Chilis mindestens 2 Stunden in kaltem Wasser einweichen. Dann die Schoten der Länge nach aufschneiden, die Kerne entfernen und den Stiel abschneiden. Mit einem Messer das Fruchtfleisch von der Haut abkratzen und je nach Rezept verwenden.

Kalmare oder Tintenfische vorbereiten

Miesmuscheln säubern

Sardinen und Sardellen vorbereiten

Garnelen (Crevetten) auslösen

Stockfisch entsalzen

Getrocknete Pfefferschoten
oder Chilis vorbereiten

Für Überraschungsgäste

Banderillas So nennt man in Spanien die kleinen Tapas-Spießchen. Dazu werden in Würfel geschnittener Manchego, grüne Oliven oder Stücke marinierter Paprikaschote auf Holzspießchen gesteckt. Auch andere Varianten sind möglich: Kapern, marinierte Sardellenfilets (Anchovis) und mit Paprika gefüllte Oliven; Essigzwiebeln, Wachteleier und in Öl eingelegte Sardellenfilets; Serrano-Schinken, Honigmelonenwürfel und mit Paprika gefüllte Oliven.

Würzmandeln Mandeln 15 Minuten im vorgeheizten Ofen bei 170 Grad rösten. Dann die Mandeln mit ½ Teelöffel Salz, 1 Teelöffel gemahlenem Kreuzkümmel und 1 großen Prise Cayennepfeffer vermischen. Ein leicht verquirltes Eiweiß dazugeben, gut vermischen und die Mandeln nochmals 5 Minuten in den Ofen schieben. Die Würzmandeln lauwarm oder bei Raumtemperatur servieren. Luftdicht verschlossen halten sie sich 3 Wochen.

Tomatenbrot 3 reife Tomaten halbieren und auf einer Gemüsereibe grob raspeln (Haut und Kerne bleiben in der Reibe hängen). Das Tomatenfruchtfleisch mit einer durchgepressten Knoblauchzehe vermischen. Nach Belieben salzen und pfeffern und mit etwas Sherryessig beträufeln. 10 Minuten marinieren lassen. 6 Scheiben Landbrot rösten, mit der Tomatenmischung bestreichen und mit etwas Olivenöl beträufeln. Zusätzlich können die Brote mit Scheiben von rohem Schinken, in Öl eingelegten Sardellenfilets (Anchovis), gehackten Oliven oder Petersilie belegt werden.

Piquillos-Anchovis-Creme 20 Pimientos del piquillo (eingelegte rote Paprikaschoten) aus der Dose oder dem Glas abtropfen lassen. 10 in Öl eingelegte Anchovis (Sardellenfilets) ebenfalls abtropfen lassen. Beides zusammen mit einer Knoblauchzehe pürieren. Unter ständigem Rühren 2 Esslöffel hochwertiges Olivenöl einlaufen lassen. Die Creme auf geröstetem Brot mit in Streifen geschnittenen Gurken oder auf Chicoréeblättern servieren.

Marinierte Muscheln 2 Dosen marinierte Muscheln (Feinkostgeschäft) mit 10 zerkleinerten mit Paprika gefüllten Oliven, 2 Esslöffeln fein geschnittener Petersilie, der abgeriebenen Schale von ½ Zitrone und frisch gemahlenem schwarzem Pfeffer vermischen. Mit Holzsspießchen servieren.

Klassischer Tapas-Teller Feine Scheiben Serrano- oder Pata-Negra-Schinken beziehungsweise Chorizo oder Lomo ibérico, dazu Manchego, Kapern, mild eingelegte Paprika (Guindillas) und Oliven auf einem großen Teller anrichten. Mit frischem, knusprigem Brot oder Tomatenbrot servieren.

Tinto de verano (Sommerwein) Eiswürfel und 1 Zitronenscheibe in ein hohes Glas geben. 100 Milliliter Rotwein und 2 Esslöffel Wermut hinzufügen, mit Limonade auffüllen. Sofort servieren.

Spanischer Kir 2 Esslöffel Johannisbeerlikör und 50 Milliliter trockenen Sherry in eine Champagnerschale geben und mit sehr kaltem Champagner auffüllen.

Sangria nach Art des Chefs Für 6 Gläser Sangria: In einem großen Krug 1 Flasche Rioja mit 50 Gramm Zucker, 1 Zitrone und 1 kleinen Orange, jeweils in nicht allzu grobe Stücke geschnitten, 1 geschälten, in feine Scheiben geschnittenen Pfirsich, 30 Gramm Himbeeren, 1 Zimtstange und 4 Esslöffel Cognac vermischen. Mindestens 2 Stunden, besser länger in den Kühlschrank stellen. Zum Servieren die Sangria in Gläser füllen und mit sehr kühlem Mineralwasser auffüllen.

Máxima Higiene

Tapas mit Eiern

Keine Tapas ohne das »echte« Tortilla-Rezept. Mein Rezept (siehe Seite 30) ist ganz einfach und ganz authentisch. Wenn Sie die Anweisungen genau befolgen, kann bei der Herstellung dieses großen Klassikers nichts schiefgehen.

Gefüllte Eier mit grünen Oliven

3 Eier, 6 Minuten gekocht, abgeschreckt, geschält
3 grüne, mit Paprika gefüllte Oliven, gehackt
1 EL Mayonnaise
1 EL Olivenöl
3 EL Semmelbrösel
1 kleine Knoblauchzehe, gepresst
Pfeffer aus der Mühle

Die Eier längs halbieren, das Eigelb herauslösen und mit einer Gabel zerdrücken. Oliven und Mayonnaise hinzufügen und nach Belieben pfeffern.

Das Olivenöl in einer Pfanne stark erhitzen, die Semmelbrösel mit dem Knoblauch 3 Minuten darin unter ständigem Rühren anbräunen.

Die Eihälften mit der Eigelbmischung füllen und mit den Semmelbröseln bestreuen.

Zubereitungszeit: 10 Minuten – Garzeit: 10 Minuten – Ergibt 6 Portionen

Gefüllte Eier mit Karotten und Safran

3 Eier, 6 Minuten gekocht, abgeschreckt, geschält
3 EL geriebene Karotten
1 Prise Safranpulver
Tabasco
2 EL Olivenöl
3 EL Pistazien, gehackt

Die Eier kochen, längs halbieren, die Eigelbe mit einer Gabel zerdrücken und dann mit den geriebenen Karotten, Safran, Tabasco nach Belieben und Olivenöl vermischen. Die Eihälften damit füllen und mit gehackten Pistazien bestreuen.

Zubereitungszeit: 10 Minuten – Garzeit: 10 Minuten – Ergibt 6 Portionen

Gefüllte Eier mit Spargel und Minze

3 Eier, 6 Minuten gekocht, abgeschreckt, geschält
6 frische grüne Spargelspitzen, blanchiert, sehr fein geschnitten
1 EL Mayonnaise
1 EL fein geschnittene frische Minze
Salz, Pfeffer aus der Mühle

Die Eier halbieren und die Eigelbe herauslösen. Die Eigelbe mit einer Gabel zerdrücken, dann Spargelspitzen, Mayonnaise und Minze hinzufügen. Salzen und pfeffern und die Eihälften damit füllen.

Zubereitungszeit: 10 Minuten – Garzeit: 10 Minuten – Ergibt 6 Portionen

Variationen gefüllter Eier

Röstbrot mit Lomo ibérico und Tomaten-Rührei

2 EL Olivenöl
1 kleine Zwiebel, gehackt
1 Knoblauchzehe, gepresst
1 kleine grüne Paprika, entkernt, klein geschnitten
300 g Tomaten, geschält, entkernt, gewürfelt
½ TL Zucker
2 Pimientos del piquillo (rote Paprikaschoten im Glas), abgetropft und klein geschnitten
4 Eier
12–15 feine Scheiben Lomo ibérico (iberischer Lendenrohschinken)
12–15 Scheiben Landbrot, geröstet
Salz

Die Hälfte des Olivenöls in einer Pfanne erhitzen, Zwiebel, Knoblauch und Paprika darin bei mittlerer Hitze 5 Minuten anbraten. Tomaten, Zucker und Pimientos hinzufügen und alles etwa 7 Minuten dünsten, bis die Flüssigkeit verdampft und die Sauce etwas eingedickt ist. In einer Schüssel abkühlen lassen.

Das restliche Olivenöl in der Pfanne erhitzen und die Eier darin 30 Sekunden zu Rührei braten. Die Tomatenmischung dazugeben, mit Salz und Pfeffer würzen und nochmals 30 Sekunden unter ständigem Rühren erhitzen. Die Pfanne vom Herd nehmen.

Auf jede Brotscheibe 1 Scheibe Rohschinken legen und die Rühreimischung darauf verteilen.

Zubereitungszeit: 10 Minuten – Garzeit: 15 Minuten – Ergibt 12 bis 15 Portionen

Rositas Tortilla

450 g mehlige Kartoffeln, geschält, in feine Scheiben geschnitten
Salz, Pfeffer aus der Mühle
100 ml Olivenöl
1 kleine Zwiebel, in feine Streifen geschnitten
3 Eier
1 EL Milch

Die Kartoffelscheiben in einem sauberen Küchentuch trockenreiben, um alles Wasser zu entfernen. Leicht salzen und großzügig pfeffern. Das Olivenöl in einer Pfanne (25 cm Durchmesser) erhitzen, Zwiebel und Kartoffelscheiben hineingeben (die Kartoffelscheiben müssen mit Öl bedeckt sein) und bei niedriger Temperatur zugedeckt 12 bis 15 Minuten garen, dabei öfter kontrollieren, dass die Kartoffeln nicht anbrennen. Die Kartoffeln, sobald sie gar sind, vorsichtig in ein Sieb abgießen und dabei das Öl auffangen. Kartoffeln abkühlen lassen.

Die Eier mit der Milch verquirlen, salzen und pfeffern. Die lauwarmen Kartoffeln dazugeben und einige Minuten ruhen lassen. Dabei nicht umrühren.

In einer kleinen Pfanne (20 cm Durchmesser) 1 Esslöffel des beiseite gestellten Öls erhitzen und die Kartoffel-Ei-Mischung darin 2 Minuten bei mittlerer Hitze braten, die Kartoffelmasse dabei mit einem Spatel festdrücken.

Sobald die Eimasse auf dem Pfannenboden gestockt ist, einen großen, flachen Teller auf die Pfanne legen und die Tortilla daraufstürzen. Falls nötig nochmals etwas Öl in die Pfanne geben und erhitzen, dann die Tortilla mit der ungebackenen Seite nach unten hineingleiten lassen, noch 1 Minute backen, dabei wiederum mit dem Spatel vorsichtig festdrücken. Die Tortilla auf einem großen Teller lauwarm oder auf Zimmertemperatur abkühlen lassen und anschließend in Vierecke oder Dreiecke geschnitten servieren.

Tipps: Verdoppeln Sie die angegebene Menge und backen Sie 2 Tortillas. Die gesamte Kartoffelmenge in einer großen Pfanne vorgaren, dann aufteilen und in 2 kleinen Pfannen ausbacken. Bei diesem Gericht ist die richtige Größe der Pfanne entscheidend. Beim Ausbacken in einer kleinen Pfanne ist das Stürzen auf den Teller (der ungefähr denselben Durchmesser wie die Pfanne haben soll) einfacher, die Tortilla gart schneller und man verhindert so, dass sie im Innern austrocknet. Bei einer kleineren Pfanne ist meist auch die Gefahr des Anbrennens geringer.

Zubereitungszeit: 10 Minuten – Garzeit: 20 Minuten – Ergibt 1 Tortilla (ca. 25 Portionenstücke)

Rositas Tortilla

Verwenden Sie einen flachen Deckel oder einen flachen Teller, um die Tortilla zu wenden, ohne dass sie zerbricht.

Windbeutel mit Manchego und Quittenbrot

60 g kalte Butter, zusätzlich 1 nussgroßes Stück für das Blech
Salz
60 g Mehl, gesiebt
2 Eier (Zimmertemperatur), verquirlt
50 g Manchego, gerieben
50 g Quittenbrot (schnittfeste Paste, Konfekt), in kleine Stücke geschnitten

Den Ofen auf 200 Grad vorheizen. Ein Backblech mit Butter bestreichen.

125 Milliliter Wasser, Butter und 1 Prise Salz in einen Topf geben und erhitzen. Sobald das Wasser zu kochen beginnt, den Topf vom Herd nehmen, das Mehl auf einmal hineinschütten und kräftig umrühren, bis ein gleichmäßiger Teig entstanden ist, der sich vom Topfrand löst. Den Topf wieder auf den Herd stellen, um den Teig zu trocknen. Anschließend den Teig in eine Schüssel geben.

Damit die Windbeutel luftig werden, die restlichen Zutaten erst kurz vor dem Backen daruntermischen. Zuerst die Hälfte der verquirlten Eier und 20 Gramm des geriebenen Käses hinzufügen und kräftig mit dem Schneebesen schlagen, dann die restlichen Eier und den restlichen Käse (10 Gramm beiseite stellen) dazugeben und kräftig weiterschlagen.

Den Teig in eine Spritztülle füllen und mit genügend Abstand, damit sie schön aufgehen können, 18 kleine Teighäufchen auf das Blech spritzen. Mit dem restlichen Käse bestreuen. In der Mitte des vorgeheizten Ofens 20 Minuten backen, ohne die Ofentür zu öffnen (der Dampf lässt die Windbeutel besser aufgehen). Sobald die Windbeutel goldbraun sind, herausnehmen und mit dem Quittenbrot auf einer Platte anrichten. Lauwarm servieren.

Zubereitungszeit: 25 Minuten – Gar- und Backzeit: 25 Minuten – Ergibt 18 kleine Windbeutel

Canapés mit Wachteleiern und Blutwurst

4 EL Olivenöl
1 Knoblauchzehe, gepresst
6 große Scheiben Toastbrot
1 kleine Zwiebel, gehackt
1 Tomate, geschält, entkernt, klein gewürfelt
100 g Morcilla (spanische Blutwurst), klein gewürfelt
60 g helle Trauben, kernlos, klein geschnitten
6 Wachteleier

Den Ofen auf 200 Grad vorheizen. 3 Esslöffel Olivenöl mit dem Knoblauch in einer kleinen Schüssel verrühren. 6 Muffin- oder andere passende Formen damit ausstreichen.

Aus den Toastbrotscheiben mit einer Ausstechform (8 cm Durchmesser oder entsprechend der Größe der Formen) runde Scheiben ausstechen, diese in die vorbereiteten Formen legen und gut festdrücken. Mit dem restlichen Knoblauchöl bestreichen und im Ofen 10 Minuten goldbraun backen.

Den letzten Esslöffel Olivenöl in einer kleinen Pfanne (20 cm Durchmesser) erhitzen. Zwiebel und Tomate 1 Minute darin anbraten. Dann Blutwurst und Trauben hinzufügen, die Temperatur zurückschalten und 7 bis 8 Minuten garen lassen. Nach Belieben salzen und pfeffern.

Die Wachteleier entweder in leicht kochendem Wasser 1½ Minuten weich kochen. Dann sofort unter kaltem Wasser abschrecken und schälen. Oder die Eier in einer tiefen Pfanne in reichlich Öl bei hoher Temperatur etwa 30 Sekunden frittieren.

Die Brotscheiben aus den Formen nehmen, auf eine Platte legen und mit der Blutwurstmischung bestreichen. Ein frittiertes oder weich gekochtes Ei darauflegen und sofort servieren.

Tipp: Aus dem restlichen Toastbrot kann man Semmelbrösel herstellen oder es zerkleinert im Ofen rösten oder in heißem Öl anbräunen und als Garnitur verwenden (siehe »Gefüllte Eier mit grünen Oliven«, Seite 24).

Zubereitungszeit: 15 Minuten – Garzeit: 10 Minuten – Ergibt 12 bis 15 Canapés

Die Canapés werden nach Belieben mit gekochten oder frittierten Wachteleiern garniert.

Canapés mit Wachteleiern und Blutwurst

Omelettchen mit baskischem Käse und Pimientos del piquillo

4 EL Olivenöl
4 Eier
Salz, Pfeffer aus der Mühle
100 g Idiazabal (baskischer Käse mit Räuchergeschmack), gerieben
12 Scheiben helles Brot (Landbrot), geröstet
3 Pimientos del piquillo aus der Dose, in 4 Stücke geschnitten

2 Esslöffel Olivenöl in einer Pfanne (25 cm Durchmesser) erhitzen. 2 Eier in einer kleinen Schüssel aufschlagen, salzen, pfeffern und mit einer Gabel leicht verquirlen. Die Eimischung im heißen Öl zu einem sehr dünnen Omelett, ähnlich einer Crêpe, ausbacken. Mit der Hälfte des geriebenen Käses bestreuen und noch 1 Minute weiterbacken. Das Omelett auf einen Teller gleiten lassen, aufrollen und in 6 Stücke schneiden. Aus den restlichen 2 Eiern ein zweites Omelett backen, aufrollen und in Stücke schneiden.

Die Omelettenröllchen auf die gerösteten Brotscheiben legen, jeweils mit einem Stück Pimiento dekorieren und dieses mit einem Holzspießchen feststecken. Lauwarm servieren.

Tipp: Das Rezept lässt sich mit dünnen Scheiben Serrano-Schinken, karamellisierten Zwiebeln, dünnen Scheiben gebratener Morcilla (spanische Blutwurst) oder jeder anderen Zutat abwandeln, die sich auf dem Omelett feststecken oder darin einwickeln lässt.

Zubereitungszeit: 5 Minuten – Garzeit: 5 Minuten – Ergibt 12 bis 15 Portionen

Tapas mit Gemüse

In der spanischen Küche ist auch in den Gemüsegerichten meist etwas Fleisch oder Fisch enthalten. Die Rezepte in diesem Kapitel sind jedoch ausschließlich aus Gemüsen zubereitet und daher für Vegetarier geeignet. Eine Ausnahme ist der Salmorejo, der mit Serrano-Schinken zubereitet wird.

Romescosauce mit Paprikaschoten

2 getrocknete Ñora-Paprikaschoten
3 Tomaten, geschält, halbiert und entkernt
2 Knoblauchzehen mit Haut
75 g Mandeln
1 Scheibe Brot vom Vortag, gewürfelt
3 Pimientos del piquillo (rote Paprikaschoten, Konserve), gut abgetropft, klein geschnitten
2 TL Sherryessig
Öl nach Bedarf
1 Knoblauchzehe, geschält und gepresst
1 kleine Aubergine, in Scheiben geschnitten
Salz, Pfeffer aus der Mühle

Die getrockneten Paprikaschoten in einer kleinen Schüssel mit heißem Wasser 1 Stunde einweichen. Dann abtropfen lassen und längs halbieren und entkernen.

Die Tomatenhälften mit der Schnittfläche nach oben auf ein Blech legen, die ganzen Knoblauchzehen, die Mandeln und die Brotwürfel ebenfalls auf dem Blech verteilen und alles im Ofen bei 150 Grad 25 Minuten goldbraun backen. Lauwarm abkühlen lassen. Dann den Knoblauch aus der Schale drücken und mit Tomaten, Mandeln, Brotwürfeln, Pimientos, Ñora-Schoten und Sherryessig pürieren. Unter ständigem Weiterrühren 2 Esslöffel Öl (falls nötig etwas mehr) einlaufen lassen.

Die gepresste Knoblauchzehe mit etwas Öl vermischen, die Auberginenscheiben damit bestreichen und diese unter dem Backofengrill oder in einer sehr heißen Grillpfanne braten. Salzen und pfeffern. Die Auberginenscheiben mit der Romescosauce, nach Belieben auf gerösteten Brotscheiben, anrichten.

Einweichzeit: 1 Stunde – Zubereitungszeit: 10 Minuten – Kochzeit: 25 Minuten – Ergibt 6 Portionen

Champignons in Zitronen-Zimt-Marinade

250 g Champignons, trocken abgerieben
Saft von 1 Zitrone
100 ml Olivenöl bester Qualität
3 Knoblauchzehen, geschält
1 Zimtstange (ca. 6 cm lang)
1 getrocknete rote milde Paprikaschote (Guindilla)
½ TL Salz, 1 EL Zucker

Die Pilze je nach Größe halbieren oder vierteln. Die restlichen Zutaten mit 125 Milliliter Wasser in einem Topf aufkochen und 5 Minuten leicht köcheln lassen. Dann die Pilze hinzufügen und 10 Minuten kochen lassen. Die Champignons mit der Marinade in eine Schüssel umfüllen und auf Raumtemperatur abkühlen lassen, dann mindestens 2 Stunden im Kühlschrank marinieren lassen.

Die Pilze sind in der Marinade im Kühlschrank 1 Woche haltbar. Zum Servieren aus der Marinade nehmen. Die Marinade für eine Salatsauce verwenden.

Zubereitungszeit: 10 Minuten – Kochzeit: 25 Minuten – Ergibt 6 kleine Portionen

Romescosauce mit Paprikaschoten

Die Champignons müssen mindestens 2 Stunden, besser über Nacht im Kühlschrank marinieren.

Champignons in Zitronen-Zimt-Marinade

Marinierte Artischocken

Marinierte Artischocken

1 Zitrone, ½ ausgepresst
12 kleine Artischocken (Poivrade)
12 Tomaten, geschält, entkernt, gewürfelt
2 EL Sherryessig
¼ l trockener Sherry
100 ml Olivenöl bester Qualität
3 Knoblauchzehen, geschält
1 EL Zucker
1 Lorbeerblatt
1 Zweig frischer Thymian
Salz, Pfeffer aus der Mühle

Den Zitronensaft in einer großen Schüssel mit kaltem Wasser mischen. Die Artischocken vorbereiten (siehe Seite 16), mit der zweiten Zitronenhälfte abreiben und dann in das Zitronenwasser legen.

Alle weiteren Zutaten in einem Topf mit dickem Boden aufkochen. Die Artischocken eng aneinander hineinstellen. Den Topf mit Backpapier abdecken (nicht mit Deckel) und 10 Minuten leicht köcheln lassen. Dann die Artischocken umdrehen und nochmals 10 bis 15 Minuten kochen lassen. Vom Herd nehmen, mit Salz und Pfeffer würzen und lauwarm in der Sauce abkühlen lassen.

Tipp: Die Artischocken sollten am Tag ihrer Zubereitung verzehrt werden. Bei längerer Aufbewahrung als 24 Stunden oxidieren sie und werden unbekömmlich.

Zubereitungszeit: 15 Minuten – Kochzeit: 30 Minuten – Ergibt 12 Portionen

Tomaten-Gazpacho

1 Knoblauchzehe, gepresst
1 grüne Chili, gehackt
600 g sehr reife Tomaten, geschält, entkernt, gewürfelt
2 Pimientos del piquillo (Konserve), abgetropft
1 dünne Scheibe Brot vom Vortag, eingeweicht und abgetropft
4 EL Olivenöl
1 EL Rotweinessig
½ TL gemahlener Kreuzkümmel
Salz, Pfeffer aus der Mühle

Den Knoblauch mit der Chili und 1 Prise Salz im Mörser zerstoßen.

Die Tomaten mit Pimientos, Brot und der Chilipaste im Mixer pürieren. Das Olivenöl einlaufen lassen, dabei ständig weitermixen. Dann Essig und Kreuzkümmel hinzufügen, nach Belieben salzen und pfeffern. Zuletzt 100 Milliliter Wasser und 5 Eiswürfel dazugeben und nochmals durchmixen.

Die Gazpacho in Gläser füllen, nach Belieben mit etwas Kreuzkümmel bestreuen und vor dem Servieren mit etwas Olivenöl beträufeln.

Zubereitungszeit: 20 Minuten – Ergibt 6 kleine Portionen

Tomaten-Gazpacho

Diese speziell für Tomatenliebhaber kreierte Gazpacho enthält keine Gurke.

Salmorejo
Tomatensuppe

3 Knoblauchzehen, gehackt
3 Eier
100 g sehr trockenes altbackenes Brot, in 100 ml Wasser eingeweicht
6 sehr reife Tomaten, halbiert und entkernt
Salz, Pfeffer aus der Mühle
1 EL Sherryessig
¼ l Olivenöl
3 Scheiben Serrano-Schinken, nach Belieben

Den Knoblauch mit einem halben Teelöffel Salz im Mörser zerstoßen.

Die Eier 6 Minuten kochen. Unter kaltem Wasser abschrecken und schälen. 2 Eier klein schneiden und beiseite stellen. Das dritte Ei zusammen mit dem ausgedrückten Brot und dem Knoblauch pürieren. Die Tomaten hinzufügen und weiter sehr fein pürieren, Salz, Pfeffer und Essig hinzufügen, dann das Olivenöl löffelweise einlaufen lassen, dabei ständig weiterrühren, bis eine sämige Suppe entstanden ist. Die Suppe 1 Stunde sehr kalt stellen.

Die Suppe mit etwas Olivenöl beträufelt und mit dem beiseite gestellten gehackten Ei sowie nach Belieben mit Serrano-Schinken servieren.

Zubereitungszeit: 20 Minuten – Kühlzeit: 1 Stunde – Ergibt 12 kleine Portionen

Paprikarollen mit Kräutern, Kapern und Pinienkernen

6 lange, rote Paprikaschoten
3 EL gehackte glatte Petersilie
2 EL fein geschnittener Schnittlauch
2 EL fein geschnittene Minze
abgeriebene Schale von 1 Zitrone
50 g Kapern
50 g Pinienkerne, geröstet
2 EL Olivenöl
Salz, Pfeffer aus der Mühle

Die Paprikaschoten rösten, häuten und entkernen (siehe Seite 16). 1 Esslöffel des dabei abgegebenen Safts beiseite stellen.

Die Kräuter mit abgeriebener Zitronenschale, Kapern und Pinienkernen dreimal kurz mixen, so dass alles grob gehackt ist. Olivenöl, den beiseite gestellten Paprikasaft, Salz und Pfeffer hinzufügen und noch zweimal kurz mixen. Die Mischung in eine kleine Schüssel füllen und abschmecken.

Die Paprikas jeweils in 3 Streifen schneiden. Die Streifen mit der Kräutermischung bestreichen, aufrollen und mit Holz- oder Cocktailspießchen feststecken. Mit etwas Olivenöl beträufeln und servieren.

Zubereitungszeit: 20 Minuten – Kochzeit: 20 Minuten – Ergibt 18 Rollen

Salmorejo

Paprikarollen mit Kräutern, Kapern und Pinienkernen

Spinat-Empañadas mit Rosinen und Pinienkernen
Gefüllte Teigtaschen

Für den Teig
15 g frische Hefe
2 EL lauwarme Milch
2 TL Zucker, Salz
250 g Mehl
75 ml Olivenöl
1 Ei, leicht verquirlt
50 ml Weißwein

Für die Füllung
2 EL Olivenöl
2 Zwiebeln, halbiert, fein geschnitten
1 TL Zucker
30 g Rosinen, in 2 EL trockenem Sherry eingeweicht
200 g junge Spinatblätter, gewaschen
40 g Pinienkerne
1 Eigelb, mit 1 EL Milch verrührt

Für den Vorteig die Hefe in einer kleinen Schüssel zerbröseln, die lauwarme Milch und die Hälfte des Zuckers hinzufügen, verrühren und 10 Minuten gehen lassen.

Das Mehl mit dem restlichen Zucker und ½ Teelöffel Salz in eine Schüssel sieben. Eine Mulde in das Mehl drücken, Olivenöl, Ei, Wein und den Vorteig hineingeben, von Hand vermischen und zu einem Teig zusammenfügen. Den Teig 10 Minuten auf der bemehlten Arbeitsfläche kneten, bis er glatt und elastisch ist. Den Teig in eine Schüssel legen und mit Frischhaltefolie bedeckt 30 Minuten gehen lassen.

Für die Füllung das Olivenöl in einer Pfanne erhitzen, Zwiebeln und Zucker hinzufügen, etwas salzen und zugedeckt 10 Minuten dünsten, dabei von Zeit zu Zeit umrühren. Dann die Rosinen mit dem Sherry hinzufügen, 1 Minute erhitzen und umrühren. Dann die Mischung in einer Schüssel abkühlen lassen.

In derselben Pfanne bei starker Hitze die Spinatblätter in zwei Portionen jeweils 1 Minute unter ständigem Rühren zusammenfallen lassen. In einem Sieb abtropfen und abkühlen lassen, dann von Hand möglichst sämtliche Flüssigkeit auspressen. Anschließend die Spinatblätter klein schneiden und zur Zwiebel-Rosinen-Mischung geben, die Pinienkerne hinzufügen. Salzen und pfeffern.

Den Ofen auf 200 Grad vorheizen. Den Teig mit der Faust zusammenschlagen. Jeweils pflaumengroße Stücke Teig abnehmen und zu Teigscheiben von etwa 9 Zentimeter Durchmesser ausrollen. Jeweils 1 Esslöffel Füllung in die Mitte setzen und den Teig darüberschlagen, so dass Halbmonde entstehen, den Teigrand dabei mit den Fingern festdrücken. Insgesamt 12 bis 15 Empañadas formen. Diese auf ein mit Backpapier belegtes Backblech legen, mit dem verklopften Ei bestreichen und im Ofen 10 bis 12 Minuten goldbraun backen. Heiß servieren.

Zubereitungszeit: 30 Minuten – Kochzeit: 20 Minuten – Backzeit: 10 bis 12 Minuten – Ergibt 12 bis 15 Empañadas

Überbackene kleine Paprikaschoten mit Ziegenkäse

18 kleine, grüne Paprikaschoten (Pimientos de Padrón, siehe Seite 10)
80 g trockener Ziegenkäse
1 EL flüssiger Honig
2 EL fein geschnittene frische Minze
Salz, Pfeffer aus der Mühle

Den Ofen auf 220 Grad vorheizen. Die Paprikaschoten halbieren, entkernen und nebeneinander auf ein mit Backpapier belegtes Blech legen.

Den Ziegenkäse zerdrücken, mit Honig und Minze vermischen und nach Geschmack salzen und pfeffern. In jede Paprikahälfte einen Teelöffel Käse füllen, leicht festdrücken und im vorgeheizten Ofen 5 Minuten backen. Heiß servieren.

Zubereitungszeit: 15 Minuten – Backzeit: 5 Minuten – Ergibt 36 Stück

Frittierte kleine Paprikaschoten mit Fleur de Sel

200 g kleine, grüne Paprikaschoten (Pimientos de Padrón, siehe Seite 10)
4 EL Olivenöl
Fleur de Sel

So werden diese Paprikaschoten in Spanien meistens zubereitet: Das Öl stark erhitzen und die Paprikaschoten darin zugedeckt 3 Minuten frittieren.
Auf Küchenpapier abtropfen lassen und dann mit Fleur de Sel bestreut servieren.

Kochzeit: 3 Minuten – Ergibt 6 Portionen

Tomaten-Paprika-Salat mit Safransauce

Je 2 rote, 2 gelbe und 2 grüne Paprikaschoten
2 sehr reife Tomaten, gehäutet, entkernt, klein gewürfelt
2 neue Zwiebeln, gehackt
2 EL Safranmayonnaise (siehe Seite 91)
1 Ei, hart gekocht, geschält

Die Paprikaschoten rösten, häuten und entkernen (siehe Seite 16). Das Fruchtfleisch in Streifen schneiden, mit Tomaten und Zwiebeln mischen, salzen und pfeffern.
Die Safranmayonnaise und zuletzt das hartgekochte Ei hinzufügen und vorsichtig darunterheben. Den Salat vor dem Servieren 15 Minuten ziehen lassen.

Zubereitungszeit: 20 Minuten – Kochzeit: 30 Minuten – Ergibt 6 Portionen

Überbackene kleine Paprikaschoten mit Ziegenkäse

Tomaten-Paprika-Salat mit Safransauce

Die Paprikaschoten »Pimientos de Padrón« sind in der Regel mild, aber es kann schon mal eine schärfere dabei sein …

Russischer Salat mit Knoblauchmayonnaise

1 neue Kartoffel, geschält, klein gewürfelt
1 Karotte, klein gewürfelt
1 Mairübe, klein gewürfelt
50 g Erbsen (frisch oder tiefgefroren), enthülst
50 g grüne Spargelspitzen, in kleine Stücke geschnitten
50 g Blumenkohl, in kleine Stücke geschnitten
1 kleine Knoblauchzehe, gehackt
ca. 3 EL Mayonnaise
3 EL fein geschnittene Essiggürkchen
12 Scheiben Landbrot, geröstet
10 grüne, mit Paprika gefüllte Oliven, in feine Scheiben geschnitten

Kartoffel-, Karotten- und Mairübenwürfel 3 Minuten in kochendem Salzwasser blanchieren. Dann Erbsen, Spargelspitzen und Blumenkohl hinzufügen und weitere 2 Minuten kochen. Das Gemüse abgießen und abkühlen lassen.

Den Knoblauch mit einer kräftigen Prise Salz im Mörser zerstoßen. Die Mayonnaise mit den Essiggurken vermischen. Beides zum abgekühlten Gemüse geben, salzen und pfeffern und vorsichtig vermischen; dabei darauf achten, dass das Gemüse nicht zerdrückt wird. Den Salat einen Tag durchziehen lassen.

Den Salat auf den gerösteten Brotscheiben verteilen und mit Olivenscheiben garnieren.

Zubereitungszeit: 20 Minuten – Kochzeit: 5 Minuten – Ergibt 12 bis 14 Stück

Erfrischender Tomaten-Gurken-Salat mit gerösteten Brotwürfeln

1 Scheibe Brot vom Vortag, gewürfelt
2 EL Olivenöl
1 große Knoblauchzehe, gepresst
3 Tomaten, enthäutet, entkernt, klein gewürfelt
200 g Salatgurke, geschält, entkernt, klein gewürfelt
2 Pimientos del piquillo, abgetropft, sehr klein geschnitten
2 EL Kapern, sehr klein geschnitten
2 EL grob gehackte glatte Petersilie
2 EL Sherryessig

Die Brotwürfel im sehr heißen Olivenöl 3 Minuten rösten. Den Knoblauch hinzufügen und kurz umrühren. Vorsicht: Der Knoblauch darf nicht anbrennen, sonst wird er bitter.

Tomaten, Gurke, Pimientos, Kapern und Petersilie vermischen. Salzen und pfeffern, den Sherryessig und das restliche Olivenöl hinzufügen und vermischen. Zuletzt die Brotwürfel hinzufügen, nochmals vermischen und sofort servieren, damit die Brotwürfel knusprig bleiben.

Zubereitungszeit: 20 Minuten – Kochzeit: 5 Minuten – Ergibt 6 Portionen

Erfrischender Tomaten-Gurken-Salat
mit gerösteten Brotwürfeln

Patatas bravas
Knusprige Kartoffeln mit Tomatensauce

500 g Kartoffeln, mehlige Sorte, gewaschen, ungeschält
1 EL grobes Meersalz
100 ml Olivenöl

Für die Tomatensauce
2 EL Olivenöl
2 Knoblauchzehen, gepresst
500 g Tomaten, in Stücke geschnitten
1 EL pürierte rohe Tomaten (Fertigprodukt)
1 EL Zucker
½ EL Sherryessig
Tabasco

Die Kartoffeln in einem Topf, mit Wasser bedeckt und gesalzen, 25 Minuten kochen. Mit einer Messerspitze überprüfen, ob sie gar sind, dann abgießen und abkühlen lassen.

Inzwischen für die Tomatensauce das Öl in einer Pfanne erhitzen, den Knoblauch 1 Minute anbraten, Tomaten, pürierte Tomaten, Zucker und etwas Salz hinzufügen und die Sauce ungefähr 10 Minuten kochen lassen, damit die Flüssigkeit verdampft. Salzen und pfeffern. Falls eine ganz glatte Sauce gewünscht ist, die Sauce pürieren. Mit Sherryessig und Tabasco abschmecken. Die Sauce am Herdrand warm halten.

Die Kartoffeln schälen und in Würfel schneiden. Das Olivenöl (100 ml) in einer großen Pfanne erhitzen, die Kartoffelwürfel darin unter ständigem Wenden 10 bis 15 Minuten von allen Seiten goldbraun braten. Dann auf Küchenpapier abtropfen lassen, auf einer Platte anrichten, mit der Tomatensauce überziehen und sehr heiß servieren.

Tipp: Für dieses Gericht müssen die Kartoffeln sehr knusprig angebraten und die Tomatensauce erst unmittelbar vor dem Servieren darübergegeben werden.

Zubereitungszeit: 15 Minuten – Kochzeit: 40 Minuten – Ergibt 6 Portionen

Tapas aus dem Meer

Das Meer bietet eine Fülle an Schätzen in den verschiedensten Geschmacksrichtungen, aus denen sich eine große Vielfalt an Rezepten zubereiten lassen.
Probieren Sie zum Beispiel in Öl eingelegte und in Essig marinierte Anchovis zusammen mit gegrillten grünen Paprika!

Kalmare in Tintensauce

500 g Kalmare
3 EL Olivenöl
1 kleine Zwiebel, gehackt
3 Pimientos del piquillo aus dem Glas, abgegossen, fein gehackt
1 Knoblauchzehe, gepresst
200 g Tomaten, geschält, entkernt, klein gewürfelt
50 ml trockener Sherry
4 Beutel Tintenfischtinte (à 4 g)
2 EL fein geschnittene Petersilie

Die Kalmare vorbereiten (siehe Seite 18). Den Körperbeutel in feine Ringe und die Tentakel in kleine Stücke schneiden. Gut abspülen und mit Küchenpapier trockentupfen.

1 Esslöffel Olivenöl in einer Pfanne erhitzen und die Zwiebel darin bei geringer Hitze 10 Minuten andünsten. Sobald sie weich ist, Pimientos, Knoblauch und Tomatenwürfel dazugeben und 5 Minuten bei mittlerer Hitze weiterdünsten, bis die Flüssigkeit verdampft ist und die Tomaten zerfallen sind.

Das restliche Öl in einer anderen, größeren Pfanne erhitzen und die zerkleinerten Kalmare darin 1 Minute bei starker Hitze anbraten. Mit einem Sieblöffel herausheben, zusammen mit dem Sherry zur Tomatensauce geben und 1 Minute leicht schmoren lassen. Dann die Tintenfischtinte und 1 bis 2 Esslöffel Wasser hinzufügen (die Sauce soll dickflüssig sein) und noch weitere 2 Minuten einkochen lassen. Die Petersilie hinzufügen, salzen, pfeffern und sofort mit Cocktailspießchen servieren.

Tipp: Tintenfischtinte erhalten Sie in spanischen Lebensmittelläden oder beim Fischhändler. Man kann sie auch selbst aus den Körpern der Kalmare gewinnen. Dabei vorsichtig sein, um den Tintenbeutel nicht zu beschädigen.

Zubereitungszeit: 25 Minuten – Garzeit: 20 Minuten – Ergibt 6 Portionen

Zuckerschoten gefüllt mit Krebssalat, Spargel und Paprika

100 g grüne Spargelspitzen, Stangen geschält
18 Zuckerschoten (Kefen)
100 g Taschenkrebsfleisch, möglichst frisch abgekocht (notfalls aus der Dose), zerkleinert
2–3 EL Mayonnaise
1 kleine Zitrone, abgeriebene Schale und 1 TL Saft
Salz, Pfeffer aus der Mühle
scharfes, geräuchertes Paprikapulver

Die Spargelspitzen in kochendem Salzwasser blanchieren. Mit einer Messerspitze prüfen, ob sie gar sind, dann mit einem Sieblöffel herausheben, unter fließendem kaltem Wasser abschrecken und abtropfen lassen. Die Zuckerschoten im selben Wasser 1 Minute abkochen, dann abgießen.

Die Spargelspitzen, sobald sie lauwarm sind, fein hacken und mit dem fein zerkleinerten Taschenkrebsfleisch, Mayonnaise, Zitronenschale und -saft vermischen. Mit Salz und Pfeffer abschmecken.

Die Zuckerschoten längs aufschlitzen und mit der Mischung füllen. Mit Paprika bestreuen und auf einer Servierplatte anrichten.

Zubereitungszeit: 15 Minuten – Garzeit: 10 Minuten – Ergibt 18 Schiffchen

Zucchini mit Krebsfleisch und Serrano-Schinken

2 große Zucchini
1 EL Olivenöl
1 Tomate, geschält, entkernt, klein gewürfelt
½ Hühnerbrühwürfel, in 2 EL kochendem Wasser aufgelöst
3 Frühlingszwiebeln, gehackt
½ TL Cayennepfeffer
30 g Serrano-Schinken, fein gehackt
100 g Taschenkrebsfleisch, frisch abgekocht oder Dose, fein zerkleinert
15 g Semmelbrösel, knusprig geröstet (siehe »Gefüllte Eier mit grünen Oliven«, Seite 24)

Die Zucchini längs halbieren, aushöhlen und jeweils in 5 Stücke teilen. Das ausgelöste Fruchtfleisch fein hacken und beiseite stellen.

Die Zucchinistücke im heißen Öl goldbraun braten (ungefähr 1 Minute). Tomate und Hühnerbrühe hinzufügen und zugedeckt 10 Minuten kochen lassen. Die Zucchinistücke herausnehmen und warm halten. Mit Alufolie bedeckt warm halten.

Den Garfond wieder erwärmen, das ausgelöste Zucchinifleisch, Frühlingszwiebeln und Cayennepfeffer hinzufügen und 2 Minuten garen. Dann Serrano-Schinken und Krabbenfleisch hinzufügen und 1 Minute erhitzen. Mit Salz und Pfeffer abschmecken, die Semmelbrösel einstreuen, auf die Zucchinistücke verteilen und sofort servieren.

Zubereitungszeit: 15 Minuten – Garzeit: 10 Minuten – Ergibt 20 Zucchinischiffchen

Venusmuscheln mit Sherry und Serrano-Schinken

600 g frische Venusmuscheln
2 EL Olivenöl
2 Knoblauchzehen, gepresst
1 kleine grüne Chili
100 g trockener Sherry
2 TL Tomatenmark
35 g Serrano-Schinken, fein geschnitten
3 EL fein geschnittene glatte Petersilie
Pfeffer aus der Mühle

Die Venusmuscheln vorbereiten (siehe Seite 18).

Eine mittelgroße Pfanne hoch erhitzen. Die gut abgetropften Venusmuscheln hineingeben und zugedeckt 3 Minuten kochen lassen, dabei die Pfanne immer wieder kräftig rütteln. Die Muscheln in ein Sieb geben und warm halten. Den Garsud durch ein Gazetuch seihen und bereithalten.

Knoblauch und Chili 1 Minute anbraten. Sherry und Tomatenmark beifügen, umrühren und 2 Minuten aufkochen lassen. Sobald die Sauce etwas eingekocht ist, die Venusmuscheln, Schinken, Petersilie und 2 Esslöffel es Garsuds hinzufügen und alles 1 Minute erhitzen. Pfeffern und sofort servieren.

Wässern: 30 Minuten – Zubereitungszeit: 5 Minuten – Garzeit: 5 Minuten – Ergibt 6 kleine Portionen

Zucchini mit Krebsfleisch und Serrano-Schinken

Vor dem Kochen die Venusmuscheln 30 Minuten in frisches Wasser legen, um den Sand zu entfernen.

Venusmuscheln mit Sherry
und Serrano-Schinken

Thunfisch mit Kichererbsen

80 g Kichererbsen, am Vortag eingeweicht, oder 200 g Kichererbsen aus der Dose, abgespült und abgetropft
je 1 rote und 1 grüne Paprikaschote
1 Zwiebel, in feine Schnitze geschnitten
4 TL Olivenöl
2 Knoblauchzehen, gehackt
½ TL Korianderkörner
scharfes, geräuchertes Paprikapulver, Salz
2 reife Tomaten, geschält, entkernt, klein gewürfelt
250 g in Olivenöl eingelegter Thunfisch, abgetropft, zerkleinert
Salz, Pfeffer aus der Mühle
1 EL Sherryessig

Die Kichererbsen in einen Topf geben, mit reichlich Wasser bedeckt zum Kochen bringen und 10 Minuten kochen lassen. Den Schaum von der Oberfläche abschöpfen und dann die Kichererbsen etwa 1½ Stunden leicht köcheln lassen.

In der Zwischenzeit die Paprikaschoten im auf 220 Grad vorgeheizten Ofen 30 Minuten rösten, dabei mehrmals wenden. Die Zwiebelstücke mit 1 TL Olivenöl vermischen, zu den Paprika auf das Blech geben und noch 10 Minuten mitgaren. Die Zwiebeln sollen leicht gegrillt sein und etwas Garsud von den Paprika aufsaugen. Das Gemüse aus dem Ofen nehmen. Die Zwiebel in einer Schüssel, die Paprika in einem mit Frischhaltefolie bedeckten Gefäß lauwarm abkühlen lassen, dann schälen, entkernen und in Streifen schneiden.

Knoblauch und Koriander mit Paprikapulver und 1 großen Prise Salz im Mörser zerstoßen. Das restliche Olivenöl (3 TL) einrühren.

Die Kichererbsen abgießen, unter fließendem Wasser abkühlen und abtropfen lassen. Mit den Paprikastreifen in einer Schüssel mischen. Tomaten, Zwiebelschnitze und Thunfisch dazugeben. Die Knoblauch-Olivenöl-Mischung beifügen und vorsichtig umrühren. Mit Salz, Pfeffer und Sherryessig abschmecken. Sofort servieren.

Tipp: Das Kichererbsen-Kochwasser zunächst nicht salzen; erst 30 Minuten vor Ende der Kochzeit salzen, sonst werden die Kichererbsen nicht weich.

Einweichzeit: 12 Stunden – Zubereitungszeit: 20 Minuten – Garzeit: 1½ Stunden + 30 Minuten – Ergibt 6 Portionen

Gegrillte Paprika mit Anchovis

Gegrillte Paprika mit Anchovis

3 grüne Paprikaschoten
Salz, Pfeffer aus der Mühle
2 EL Olivenöl
12 kleine Brotscheiben
4 EL Streichkäse
12 Anchovisfilets, in Olivenöl mariniert
12 Anchovisfilets, in Essig mariniert (siehe unten)

Die Paprikaschoten rösten, häuten und entkernen (siehe Seite 16), dann in feine Streifen schneiden und in eine Schüssel geben. Salzen, pfeffern, das Olivenöl darübergießen und beiseite stellen.

Die Brotscheiben rösten, mit Streichkäse bestreichen und gut pfeffern. Auf jede Brotscheibe einige Paprikastreifen und jeweils 1 in Öl und 1 in Essig eingelegtes Anchovisfilet verteilen. Auf einer Servierplatte anrichten und sofort servieren.

Zubereitungszeit: 10 Minuten – Garzeit: 30 Minuten – Ruhezeit: 1 Stunde – Ergibt 12 Stück

In Essig eingelegte Anchovis, hausgemacht

12 frische Sardellenfilets
ca. 2 TL Meersalz
60 ml Weißweinessig
1 Knoblauchzehe, fein gehackt
2 Frühlingszwiebeln, fein gehackt
2 EL fein gehackte glatte Petersilie
2 EL Olivenöl

Die Sardellen waschen und filetieren (siehe Seite 18). Auf eine flache Glas- oder Porzellanplatte legen, mit dem Meersalz bestreuen und mit dem Essig beträufeln. 24 Stunden zugedeckt im Kühlschrank marinieren.

Sobald das Fischfleisch weiß geworden und im Essig »gegart« ist, unter fließendem Wasser abspülen und mit Küchenpapier trockentupfen. Mit Knoblauch, Frühlingszwiebeln, Petersilie und dem Olivenöl auf einer Platte anrichten.

Zubereitungszeit: 10 Minuten – Marinierzeit: 24 Stunden – Ergibt 12 Anchovisfilets

Knuspergarnelen mit Knoblauchmayonnaise

Für die Mayonnaise
2 Knoblauchzehen, in Stücke geteilt
1 nicht zu großes Eigelb
2 EL scharfer Senf
130 ml Sonnenblumen- oder Traubenkernöl
3 EL Olivenöl
½ TL Sherryessig
Salz, Pfeffer aus der Mühle

30 g altbackenes Brot oder Semmelbrösel, fein gemahlen
1 Ei
18 rohe Garnelen (Crevetten), geschält, Schwanzteil daranlassen
1½ l Frittieröl

Für die Mayonnaise den Knoblauch mit ½ Teelöffel Salz im Mörser zu einer gleichmäßigen Paste zerstoßen. Eigelb, Senf und den zerstoßenen Knoblauch in eine Schale geben, mit dem Rührbesen schlagen und dann 5 Minuten ruhen lassen. Das Öl löffelweise einlaufen lassen und dabei leicht weiterschlagen. Sobald die Hälfte des Öls eingerührt ist, sollte die Mayonnaise fest zu werden beginnen und eine hellere Farbe annehmen. Das weitere Öl in kleinen Mengen beifügen und die Masse dabei immer stärker schlagen. Zum Schluss das Olivenöl ebenfalls löffelweise hinzugeben und einrühren. Zuletzt den Essig hinzufügen, mit Salz und Pfeffer abschmecken und die Mayonnaise kühl stellen.

Die Brotbrösel auf einen flachen Teller geben, mit Salz und Pfeffer bestreuen. Das Ei verquirlen. Unmittelbar vor dem Servieren die Garnelen in das Eigelb tauchen, dann in den Böseln wenden und portionenweise im heißen Öl 2 bis 3 Minuten frittieren. Nicht zu viele Garnelen auf einmal frittieren, sonst kühlt das Öl zu stark ab. Die Garnelen heiß mit der Mayonnaise servieren.

Zubereitungszeit: 25 Minuten – Garzeit: 10 Minuten – Ergibt 18 Stück

Gebratene Jakobsmuscheln mit Chorizo in Orangensauce

80 g Koch-Chorizo, in feine Scheiben geschnitten
6 Jakobsmuschelnüsschen, frisch ausgelöst
1 Knoblauchzehe, gepresst
abgeriebene Schale von ½ Orange
100 ml Orangensaft, frisch gepresst

Eine große beschichtete Pfanne trocken erhitzen, die Chorizo beigeben und braten, bis sie etwas Öl abgibt. Dann die Jakobsmuscheln hinzufügen und auf jeder Seite 1 Minute braten. Knoblauch, Orangenschale und -saft dazugeben, gut vermischen und die Jakobsmuscheln darin auf jeder Seite weitere 3 bis 4 Minuten garen. Die Sauce soll leicht dickflüssig werden. Die Jakobsmuscheln nicht übergaren; sie sollen gerade nur angebraten und knapp gar sein.

Zubereitungszeit: 5 Minuten – Garzeit: 10 Minuten – Ergibt 6 kleine Portionen

Wählen Sie festfleischige und glänzende Garnelen – daran ist ihre Frische erkennbar.

Knuspergarnelen mit Knoblauchmayonnaise

Gebratene Jakobsmuscheln mit Chorizo in Orangensauce

Sardinen à l'Escabèche

6 mittelgroße Sardinen
1 EL Olivenöl
2 TL Mehl

Für die Marinade
50 ml Rotweinessig
100 ml Weißwein
½ Zwiebel, fein geschnitten
½ Karotte, in feine Scheiben geschnitten
2 Knoblauchzehen
2 Zweige frischer Thymian
3 Zitronenscheiben
1 Lorbeerblatt
1 TL Tomatenmark
½ TL Korianderkörner
15 schwarze Pfefferkörner
100 ml Olivenöl

Die Sardinen waschen und vorbereiten (siehe Seite 18). Wenn gewünscht, Kopf und Gräten entfernen.

Alle Zutaten für die Marinade in einen Topf geben, gut vermischen und zum Kochen bringen. Sobald die Mischung zu kochen beginnt, die Hitze reduzieren und 10 Minuten leicht köcheln lassen.

Für die Sardinen das Olivenöl in einer großen Pfanne erhitzen. Die Sardinen im Mehl wenden und im heißen Öl 4 bis 5 Minuten braten, dabei nach der Hälfte der Garzeit vorsichtig umdrehen. Anschließend in eine tiefe Form geben, mit der heißen Marinade übergießen und bei Raumtemperatur abkühlen lassen. Dann im Kühlschrank 24 Stunden marinieren lassen.

Zubereitungszeit: 20 Minuten – Garzeit: 15 Minuten – Marinierzeit 24 Stunden – Ergibt 6 Portionen

Frittierte Tintenfische mit Safranmayonnaise

2 Tintenfische (insgesamt ungefähr 500 g)
1½ l Olivenöl
60 g feinkörnige Polenta oder Maismehl
Salz, Pfeffer aus der Mühle, Cayennepfeffer

Für die Safranmayonnaise
1 Eigelb
1 EL scharfer Senf
15 Safranfäden
130 ml Sonnenblumen- oder Traubenkernöl
3 EL Olivenöl
½ TL Sherryessig

Die Tintenfische vorbereiten (siehe Seite 18). Den Körperbeutel in Ringe und die Tentakel in 3 Zentimeter breite Stücke schneiden. Alles abspülen und mit Küchenpapier trockentupfen.

Für die Mayonnaise das Eigelb mit Senf, 1 großen Prise Salz und Safran in einer Schale schlagen. 5 Minuten ruhen lassen. Dann das Öl in dünnem Faden oder löffelweise einlaufen lassen und dabei leicht weiterschlagen. Sobald die Hälfte des Öls eingerührt ist, sollte die Mayonnaise fest zu werden beginnen und eine hellere Farbe annehmen. Das weitere Öl in kleinen Mengen beifügen und die Masse weiter schlagen. Zum Schluss unter weiterem Rühren das Olivenöl und schließlich den Essig hinzufügen, mit Salz und Pfeffer abschmecken und die Mayonnaise kühl stellen.

Das Olivenöl in einer tiefen Sauteuse auf 180 Grad erhitzen. Das Maismehl in einem Frischhaltebeutel mit ½ Teelöffel Salz, ½ Teelöffel Pfeffer und 1 Prise Cayennepfeffer mischen. Die Tintenfischstücke hineingeben und gut durchschütteln. Dann in zwei Portionen auf jeder Seite jeweils 2 Minuten goldbraun und knusprig braten. Auf Küchenpapier abtropfen lassen und sofort mit der Safranmayonnaise servieren.

Zubereitungszeit: 20 Minuten – Garzeit: 5 Minuten – Ergibt 6 kleine Portionen

Glasaale mit roter Paprika, Knoblauch und Zitrone

2 rote Paprikaschoten
2 kleine Dosen Glasaale (à 115 g), abgetropft
1 Knoblauchzehe, fein gehackt
½ Zitrone, abgeriebene Schale und 2 TL Zitronensaft
1 EL Olivenöl
Salz, Pfeffer aus der Mühle

Die Paprika rösten, häuten und entkernen (siehe Seite 16), dann in feine Streifen schneiden und in eine Schüssel geben. Die Glasaale, Knoblauch, die abgeriebene Zitronenschale und den Zitronensaft sowie Olivenöl hinzufügen, vorsichtig umrühren und 2 Stunden im Kühlschrank ziehen lassen. Vor dem Servieren salzen und pfeffern.

Zubereitungszeit: 10 Minuten – Garzeit: 30 Minuten – Marinierzeit: 2 Stunden – Ergibt 6 kleine Portionen

In Spanien werden Konserven von erstklassiger Qualität produziert.
Dazu zählen auch die berühmten Glasaale (Angulas) in Öl.

Gedeckter Zwiebelkuchen

Für den Teig
15 g frische Hefe
2 EL lauwarme Milch
1 TL Zucker
250 g Mehl
Salz
75 ml Olivenöl
1 nicht zu großes Ei, leicht verquirlt
50 ml Weißwein
1 Eigelb, mit 1 EL Milch verquirlt, zum Bestreichen

Für die Füllung
1 EL Olivenöl
2 Zwiebeln, halbiert und in feine Streifen geschnitten
1 Tomate, geschält, entkernt und in kleine Würfel geschnitten
½ TL Zucker, Salz
1 große Sardine, entgrätet, in Filets geteilt, oder 2 in Öl eingelegte Sardinen, klein geschnitten
2 Pimientos del piquillo aus dem Glas, abgegossen und fein gehackt

Für den Teig die Hefe in einer kleinen Schale zerbröseln, die lauwarme Milch und die Hälfte des Zuckers hinzufügen, mit einer Gabel verquirlen und 10 Minuten gehen lassen, bis die Mischung leicht schaumig ist.

Das Mehl in eine Schüssel sieben, ½ Teelöffel Salz und den restlichen Zucker daruntermischen. Eine Mulde in das Mehl drücken. Das Olivenöl, das verquirlte Ei, Wein und Hefe daruntermischen. Von Hand zu einem glatten Teig arbeiten, dann 10 Minuten auf einer bemehlten Arbeitsfläche durchkneten, bis er weich wird und sich leicht ausrollen lässt. Den Teig zu einer Kugel formen und in einer Schüssel, mit Frischhaltefolie bedeckt, 30 Minuten ruhen lassen.

Für die Füllung das Öl in einer Pfanne erhitzen, Zwiebeln und Tomate 2 Minuten darin andünsten. Mit Zucker und Salz abschmecken, die Hitze reduzieren und die Sauce zugedeckt 25 Minuten einkochen lassen, dabei von Zeit zu Zeit umrühren. Die klein geschnittene Sardine dazugeben, 1 Minute garen lassen, dann die Pfanne vom Herd nehmen, die Pimientos daruntermischen, mit Salz und Pfeffer abschmecken.

Den Ofen auf 200 Grad vorheizen.

Den Teig zusammenschlagen, ein etwa eigroßes Stück davon abnehmen und dann den restlichen Teig halbieren. Die beiden großen Teigstücke zu 2 Scheiben von je 20 Zentimeter Durchmesser ausrollen. Eine Teigplatte auf ein mit Backpapier belegtes Blech legen und die Füllung darauf verteilen, dabei einen Rand von 2 Zentimetern frei lassen. Mit der zweiten Teigplatte bedecken und die Ränder gut verschließen, indem man sie fest zusammendrückt. Das kleine Teigstück ausrollen und Streifen oder andere Formen ausschneiden und als Garnitur auf den Kuchen legen. Die Oberfläche mit der Eigelb-Milch-Mischung bestreichen und den Kuchen etwa 20 Minuten im vorgeheizten Ofen backen. In kleine Tortenstücke schneiden und warm servieren.

Zubereitungszeit: 25 Minuten – Ruhezeit: 30 Minuten – Garzeit: 50 Minuten – Ergibt 6 Portionen

Gebratene Garnelen mit Anis und Knoblauch

12 Garnelen (Crevetten)
2 EL Olivenöl
Salz, Pfeffer aus der Mühle
2 Knoblauchzehen, gepresst
1 TL Aniskörner
Saft von ½ Zitrone

Die Garnelen schälen, ohne den Schwanz zu entfernen. Den Darm mit einer Messerspitze entfernen (siehe Seite 18).

Das Öl in einer großen Pfanne erhitzen und die Garnelen 1 Minute bei starker Hitze darin anbraten. Salzen, pfeffern, dann Knoblauch und Anis hinzufügen.
Gut umrühren, die Hitze reduzieren und noch 1 Minute garen. Darauf achten, dass die Garnelen von beiden Seiten gebraten werden und die Garzeit der Größe der Garnelen anpassen. Zuletzt den Zitronensaft dazugießen und den Bratenfond unter Rühren damit ablöschen. Sofort servieren.

Zubereitungszeit: 10 Minuten – Garzeit: 5 Minuten – Ergibt 12 Garnelen

Miesmuscheln mit Tomaten und Safran

600 g Miesmuscheln

Für die Safransauce
750 g Tomaten, geschält, entkernt, klein gewürfelt
2 Knoblauchzehen, fein gehackt
2 TL Tomatenmark
1 TL Zucker
2 Prisen Safranfäden
1 EL Olivenöl
Salz

Den Backofen auf 170 Grad vorheizen. Alle Saucenzutaten in eine Gratinform geben, mit Salz abschmecken und 45 Minuten im Ofen garen.

Die Muscheln vorbereiten (siehe Seite 18). Einen großen Topf stark erhitzen, die Muscheln darin zugedeckt 3 Minuten garen, dabei den Topf immer wieder heftig rütteln. Die Muscheln in ein Sieb abgießen und den Garfond auffangen.

Die Safransauce in einem Topf auf dem Herd 1 Minute bei starker Hitze einkochen lassen. Die Muscheln und 2 Esslöffel Garfond hinzufügen und noch 2 Minuten garen, dabei gut umrühren, so dass die Muscheln von der Sauce umhüllt werden. Heiß mit Cocktailspießchen servieren.

Zubereitungszeit: 20 Minuten – Garzeit: 50 Minuten – Ergibt 6 Portionen

Miesmuscheln mit Pimientos und Anchovis

600 g Miesmuscheln
3 Frühlingszwiebeln, fein gehackt
2 Pimientos del piquillo aus dem Glas, abgetropft, fein gehackt
1 Knoblauchzehe, fein gehackt
2 Anchovisfilets, in Öl eingelegt, abgegossen, fein zerstoßen
1 EL Rotweinessig
4–5 EL Olivenöl
Pfeffer aus der Mühle

Die Miesmuscheln vorbereiten (siehe Seite 18).

Einen großen Topf stark erhitzen. Die Muscheln hineingeben und zugedeckt 3 bis 4 Minuten garen, dabei den Topf immer wieder kräftig rütteln. Die Muscheln in ein Sieb abgießen und bei Raumtemperatur abkühlen lassen. Dann öffnen und die obere Schale vorsichtig entfernen und wegwerfen.

Für die Vinaigrette Frühlingszwiebeln, Pimientos, Knoblauch, Anchovis und Essig vermischen. Das Öl in einem feinen Faden einlaufen lassen und weiterrühren, so dass eine Emulsion entsteht. Mit Pfeffer abschmecken (die Anchovis sind schon salzig).

Muscheln nebeneinander auf eine große Servierplatte legen, mit der Vinaigrette überziehen und sofort servieren.

Zubereitungszeit: 15 Minuten – Garzeit: 5 Minuten – Ergibt 6 Portionen

Miesmuscheln mit Tomaten und Safran

Miesmuscheln mit Pimientos und Anchovis

Canapés mit gebratenem Thunfisch und Olivensauce

3 EL Sherryessig
1 EL Zucker
2 Tomaten, geschält, entkernt, klein gewürfelt
100 g schwarze Oliven, entsteint, klein geschnitten
1 EL Kapern, unter fließendem Wasser gespült, abgetropft, fein gehackt
1 kleine Knoblauchzehe, fein gehackt
2 EL fein geschnittene glatte Petersilie
200 g frischer Thunfisch, in Stücke geschnitten
Salz
1 EL Olivenöl
12 Scheiben Landbrot

Den Essig mit dem Zucker in einen kleinen Topf geben, zum Kochen bringen und auf ungefähr 1 Esslöffel einkochen. Abkühlen lassen. Dann mit Tomaten, Oliven, Kapern, Knoblauch und Petersilie vermischen. Das Öl in einem Faden einlaufen lassen.

Eine kleine Pfanne stark rauchheiß erhitzen. Die Thunfischstücke leicht salzen und auf jeder Seite in etwas Öl nur gerade 1 Minute braten, damit der Fisch in der Mitte rosa bleibt. In feine Scheiben schneiden.

Jeweils 2 Thunfischscheiben eingerollt auf jede Brotscheibe legen und mit etwas Olivensauce beträufeln. Sofort servieren.

Zubereitungszeit: *15 Minuten – Garzeit: 2 Minuten – Ergibt 12 Canapés*

Stockfischbällchen mit gebratenen Frühlingszwiebeln und Chili

250 g Stockfisch
125 ml Milch
½ TL Natron
125 g Mehl
1 Eigelb
50 g Frühlingszwiebeln, sehr fein gehackt
1 grüne Chili, sehr fein gehackt
1 EL fein geschnittene glatte Petersilie
1½ l Olivenöl zum Frittieren, 2 TL für die Teigtaschen
pikante Tomatensauce zum Servieren (siehe Seite 69)

Den Stockfisch 24 Stunden zum Entsalzen wässern (siehe Seite 18). Dann Haut und Gräten entfernen und den Fisch in kleine Stücke zerteilen.

Die Milch mit Natron verrühren. Das Mehl mit dem Eigelb und der Milch in einer Schüssel zu einem festen Teig verrühren. Den Stockfisch, Frühlingszwiebeln, Chili, Petersilie und 2 Esslöffel Olivenöl hinzufügen. Gut vermischen und 10 Minuten ruhen lassen.

Das Frittieröl in einer tiefen Sauteuse auf 180 Grad erhitzen. Von der Stockfischmasse teelöffelgroße Portionen abstechen, die Bällchen formen und diese 3 bis 4 Minuten im heißen Öl goldbraun ausbacken. Auf Küchenpapier abtropfen lassen und heiß mit pikanter Tomatensauce servieren.

Wässern: 24 Stunden – Zubereitungszeit: 10 Minuten – Garzeit: 5 Minuten – Ergibt 18 Bällchen

Tapas mit Fleisch

Tapas sind weit mehr als nur kleine Häppchen, die man mit den Fingern isst. Tapas können auch kleine Fleischgerichte sein, die in Töpfchen mit frischem Brot gereicht werden, das man dann zum Auftunken der Sauce verwendet.

Hähnchen auf maurische Art

1 kleines Hähnchen (ca. 1,3 kg)
2 EL Mehl
Salz, Pfeffer aus der Mühle
2 EL Olivenöl
1 Zwiebel, gehackt
2 Knoblauchzehen, gehackt
1 Zimtstange
ca. 20 Safranfäden
½ TL gemahlener Kreuzkümmel
1 Brühwürfel, in 200 ml sehr heißem Wasser aufgelöst
2 nicht zu große Eier
2 EL gemahlene Mandeln
Tabasco oder Chilisauce
einige frische Korianderblätter

Das Huhn in 12 Teile zerlegen oder zerlegen lassen: Zuerst die Schenkel vom Körper abtrennen, dann die Flügel. Anschließend die Brustfilets herauslösen, indem man mit der Messerspitze vorsichtig am Mittelknochen entlangfährt und dann das Fleisch vorsichtig ablöst. Schenkel, Flügel und Brustfilets halbieren. Das Mehl mit Salz und Pfeffer mischen und die Hähnchenteile darin wenden.

Das Öl in einer großen Sauteuse erhitzen und das Fleisch darin 5 Minuten von allen Seiten goldbraun anbraten. Herausnehmen und warm halten. Zwiebel und Knoblauch in der Sauteuse 3 Minuten bei starker Hitze anbraten, dann Zimtstange, Safran und Kreuzkümmel dazugeben und etwa 30 Sekunden erhitzen, anschließend mit der Brühe aufgießen und gut umrühren, um den Bratensatz zu lösen.
Die Hähnchenstücke zurück in die Sauce geben und zugedeckt 20 Minuten schmoren lassen.

Die Eier mit Wasser bedeckt aufkochen und 6 Minuten leicht sprudelnd kochen lassen. Mit kaltem Wasser abschrecken und schälen. Eiweiß und Eigelb getrennt klein hacken.

Das zerkleinerte Eigelb mit den Mandeln zur Sauce geben. 5 Minuten ohne Deckel kochen lassen. Dann das Ganze mit Tabasco oder Chilisauce würzen, mit dem frischen Koriander und dem gehackten Eiweiß bestreuen und servieren.

Tipp: Die Fleischstücke sind größer als die üblichen mundgerechten Häppchen. Um das Gericht als Tapas zu genießen, servieren Sie es in Schalen oder Gläsern und legen Sie eine Gabel dazu.

Zubereitungszeit: 20 Minuten – Garzeit: 35 Minuten – Ergibt 12 Portionen

Kalbsnieren mit Chorizo und Sherry

350 g Kalbsnieren, gehäutet, Fettstellen, Nerven und Adern entfernt
1 EL Olivenöl
1 Zwiebel, halbiert, in feine Schnitze geschnitten
150 g Koch-Chorizo, in feine Scheiben geschnitten
100 ml trockener Sherry
1 TL scharfer Senf
1 Knoblauchzehe, fein gehackt
1 EL fein geschnittene glatte Petersilie
Landbrot zum Servieren

Die Nieren in kleine Stücke schneiden.

Das Öl in einer Pfanne erhitzen und die Zwiebel darin 1 Minute anbraten. Chorizo und Nieren dazugeben und 5 Minuten braten, dann mit dem Sherry ablöschen. 3 Minuten weitergaren, dann Senf, Knoblauch und Petersilie hinzufügen und gut vermischen, damit eine gleichmäßige Sauce entsteht. Noch 1 Minute erhitzen. Heiß mit Landbrot servieren.

Zubereitungszeit: 15 Minuten – Garzeit: 10 Minuten – Ergibt 6 kleine Portionen

Lauwarme Blutwurst mit Dicken Bohnen

300 g Dicke Bohnen, frisch oder tiefgekühlt
2 EL Olivenöl
½ rote Zwiebel, in feine Schnitze geschnitten
200 g Blutwurst, in Scheiben geschnitten
1 EL trockener Sherry
1 EL Sherryessig
Salz, Pfeffer aus der Mühle

Die Dicken Bohnen 2 Minuten in kochendes Wasser geben, damit sie weicher werden. Unter fließendem kaltem Wasser abkühlen lassen und schälen (siehe Seite 16). In eine Schüssel geben.

1 Esslöffel Olivenöl in einer Pfanne erhitzen und die Zwiebel darin 3 Minuten goldbraun braten. Die Zwiebelstücke anschließend unter die Bohnen mischen.

Die Blutwurstscheiben in der gleichen Pfanne etwa 5 Minuten braten, dabei nach der Hälfte der Garzeit wenden. Sie wird während des Bratens etwas aus der Form gehen. Die gebratene Blutwurst ebenfalls in die Schüssel geben.

Den Bratensatz in der Pfanne mit Sherry und Sherryessig lösen und die Flüssigkeit 30 Sekunden einkochen, dann über die Bohnenmischung geben. Salzen, pfeffern, das restliche Olivenöl (1 Esslöffel) dazugeben und vorsichtig vermischen. Heiß servieren.

Zubereitungszeit: 15 Minuten – Garzeit: 5 Minuten – Ergibt 6 Portionen

Kalbsnieren mit Chorizo und Sherry

Lauwarme Blutwurst mit Dicken Bohnen

Verwenden Sie für die Blutwurst mit Dicken Bohnen ein erstklassiges Olivenöl. Unmittelbar vor dem Servieren noch ein paar Tropfen davon hinzufügen.

Erbsenpüree mit Chorizo

½ Rinderbrühwürfel
300 g Erbsen, frisch oder tiefgekühlt
75 g Chorizo, klein gewürfelt
1 Scheibe altbackenes Brot (vom Vortag), klein gewürfelt
20 g Serrano-Schinken
2 TL Pinienkerne, geröstet
Salz, Pfeffer aus der Mühle
100 ml Crème fraîche

Den Brühwürfel in einem Topf in 300 Milliliter heißem Wasser auflösen. Die Erbsen hinzufügen, aufkochen und 4 Minuten darin garen.

Die Chorizowürfel 1 Minute in einer heißen Pfanne anbraten und dabei ständig umrühren. Sobald die Wurst Fett abgibt, die Brotwürfel hinzufügen und 2 Minuten goldbraun backen, so dass Chorizo und Brot knusprig sind.

Die Erbsen abgießen und dabei etwas Kochflüssigkeit auffangen. Die Erbsen mit dem Serrano-Schinken, den Pinienkernen und 4 Esslöffeln der zurückbehaltenen Kochflüssigkeit im Mixer zu einem sämigen Püree verarbeiten. Falls das Püree zu fest ist, noch etwas Kochflüssigkeit hinzufügen. Mit Salz und Pfeffer abschmecken.

Das Püree in kleine Gläser oder Schalen füllen. Auf jede Portion einen gehäuften Esslöffel Crème fraîche geben und mit Brot-Croûtons und Chorizowürfeln bestreuen. Sofort servieren.

Zubereitungszeit: 10 Minuten – Garzeit: 15 Minuten – Ergibt 6 kleine Portionen

Geflügellebermousse mit Pinienkernen und Sherry

300 g Geflügelleber
4 EL Olivenöl
1 Zwiebel, fein gehackt
2 große Knoblauchzehen, im Mörser zerstoßen
100 ml trockener Sherry
Salz, Pfeffer aus der Mühle
50 g Pinienkerne, geröstet, zusätzlich einige Pinienkerne als Garnitur
3 EL fein geschnittene glatte Petersilie
4 EL Butter, zerlassen
6 kleine Brotscheiben, 1 halbierte Knoblauchzehe und Olivenöl zum Servieren

Die Geflügelleber mit Küchenpapier trockentupfen und in kleine Stücke schneiden. 2 Esslöffel Olivenöl in eine heiße Pfanne geben und die Zwiebel darin 5 Minuten bei mittlerer Hitze andünsten, dabei von Zeit zu Zeit umrühren. Sobald die Zwiebel goldbraun ist, Knoblauch und Geflügelleber hinzufügen und unter ständigem Rühren bei starker Hitze 3 Minuten braten. Mit dem Sherry ablöschen, salzen, pfeffern und die Flüssigkeit bei starker Hitze 1 Minute auf etwa 2 Esslöffel Sauce einkochen.

Die Geflügelleber samt Sauce mit den Pinienkernen, der Petersilie und dem restlichen Olivenöl (2 Esslöffel) mixen und abschmecken. Die Geflügellebermousse in eine kleine Terrinenform füllen, glattstreichen, mit der zerlassenen Butter bedecken und 24 Stunden im Kühlschrank fest werden lassen.

Kleine Brotscheiben mit Knoblauch einreiben, mit etwas Olivenöl bestreichen und die Geflügellebermousse darauf anrichten.

Zubereitungszeit: 15 Minuten – Garzeit: 10 Minuten – Kühlzeit: 24 Stunden – Ergibt 6 kleine Portionen

Gebackene Champignons mit Serrano-Schinken und Pistazien

18 große braune Champignons
125 g weiche Butter
12 Schalotten, gehackt
50 g Serrano-Schinken, in Stücke geschnitten
50 g Pistazien, geschält
Salz, Pfeffer aus der Mühle

Den Ofen auf 200 Grad vorheizen. Ein Backblech mit Backpapier oder Alufolie belegen.

Die Champignons mit einem Küchenpapier reinigen (nicht waschen). Den Stiel herausdrehen und falls gewünscht für ein anderes Gericht verwenden.

Die Butter mit Schalotten, Schinken und Pistazien je nach Wunsch zu einer glatten oder gröberen Paste mixen oder mit dem Messer zerkleinern. Salzen und pfeffern. Die umgedrehten Champignonköpfe mit der Masse füllen.

Die Champignons auf das vorbereitete Blech setzen und 10 Minuten im Ofen garen. Sehr heiß servieren.

Zubereitungszeit: 10 Minuten – Garzeit: 10 Minuten – Ergibt 18 Champignons

Für die Füllung der Champignons können die Zutaten im Mixer zerkleinert oder mit einem Messer fein gehackt werden.

Albóndigas
Fleischbällchen in Tomatensauce

150 g Schweinehackfleisch
150 g Rinderhackfleisch
1 nicht zu großes Ei, leicht verquirlt
2 EL Semmelbrösel, in 2 EL Milch eingeweicht
2 EL geschälte gemahlene Mandeln
1 Knoblauchzehe, gehackt
2 EL fein geschnittene glatte Petersilie
½ TL scharfes, geräuchertes Paprikapulver (Pimentón picante)
Salz, Pfeffer aus der Mühle
1 EL Mehl
2 EL Olivenöl

Für die Tomatensauce
1 Zwiebel, gehackt
1 grüne Chili, entkernt, fein gehackt
2 EL Sherry
600 g frische Tomaten, geschält, entkernt, zerkleinert
1 EL Zucker
1 Lorbeerblatt
Salz, Pfeffer aus der Mühle

In einer Schüssel die beiden Hackfleischsorten mit dem verquirlten Ei, den eingeweichten Semmelbröseln, den gemahlenen Mandeln, Knoblauch, Petersilie, Paprikapulver und wenig Salz vermischen. Das Mehl in einen Teller geben. Kleine Fleischbällchen formen, im Mehl wenden und auf einem Teller bereithalten.

Das Öl in eine heiße Pfanne geben und die Fleischbällchen darin 5 Minuten goldbraun braten, dabei oft wenden, damit sie von allen Seiten gleichmäßig garen. Die gebratenen Fleischbällchen nebeneinander in einen mittelgroßen Topf mit dickem Boden legen und den Topf zudecken.

Für die Sauce die gleiche Pfanne wieder kurz erhitzen, Zwiebel und Chili im zurückgebliebenen Öl 5 Minuten anbraten. Mit dem Sherry ablöschen und den Bratensatz mit einem Spatel lösen. Die zerkleinerten Tomaten, Zucker und Lorbeerblatt dazugeben und 6 bis 7 Minuten leicht einköcheln lassen.

Die Sauce über die Fleischbällchen gießen, salzen, pfeffern und zugedeckt 20 Minuten schmoren lassen. Heiß mit Cocktailspießchen servieren.

Zubereitungszeit: 15 Minuten – Garzeit: 40 Minuten – Ergibt 12 Fleischbällchen

Entenspießchen mit Champignons und Serrano-Schinken

60 g grüne Oliven, entsteint
2 in Öl eingelegte Anchovisfilets, gut abgetropft
2 EL Olivenöl
1 Entenbrustfilet, ohne Haut, in 6 Teile geschnitten
1 großer Champignon, in 6 Stücke geschnitten oder (6 kleine Champignons)
6 Scheiben Serrano-Schinken, sehr fein geschnitten, längs halbiert

Die Holz- oder Bambusspieße 30 Minuten in kaltem Wasser einweichen.

Den Grill auf höchster Stufe vorheizen. Oliven, Anchovis und Olivenöl zu einer homogenen Paste mixen und diese auf einem Teller ausstreichen.

Die Enten- und Champignonstücke in der Paste wenden und gleichmäßig damit umhüllen. Dann je 1 Enten- und 1 Champignonstück mit einem Streifen Serrano-Schinken umwickeln und auf die Holzstäbchen spießen. Die Spieße auf ein Gitter legen und unter dem heißen Backofengrill auf jeder Seite 3 bis 4 Minuten grillen und sofort servieren.

Zubereitungszeit: 15 Minuten – Garzeit: 5 Minuten – Ergibt 6 Minispieße

Entenspießchen mit Champignons und Serrano-Schinken

Im Herbst kann man die braunen Champignons durch frische Steinpilze ersetzen: Schmeckt köstlich!

Schnecken in dicker Tomatensauce mit Chorizo

24 mittelgroße Schnecken aus der Dose, gewaschen, abgetropft, oder gefrorene, aufgetaut
2 Knoblauchzehen, geschält
2 EL Olivenöl
2 TL frischer Thymian, fein geschnitten
Pfeffer aus der Mühle
24 Schneckenhäuser, gut gewaschen

Für die Tomatensauce
2 EL Olivenöl
1 Zwiebel, gehackt
1 kleine rote Chili, gehackt
30 g Serrano-Schinken, gehackt
50 g Chorizo, klein gewürfelt
2 Knoblauchzehen, im Mörser zerstoßen
1 EL Mehl
50 ml Weißwein
500 g Tomaten, geschält, entkernt, gewürfelt

Die Schnecken in einen Topf geben und mit Wasser aufgießen. Knoblauch, Olivenöl und Thymian dazugeben und pfeffern. Zum Kochen bringen, dann die Hitze reduzieren und noch 5 Minuten weiterköcheln. Die Schnecken abgießen und sobald sie lauwarm sind, in die Schneckenhäuser verteilen.

Für die Sauce Zwiebel und Chili 10 Minuten im heißen Öl anbraten, dabei von Zeit zu Zeit umrühren. Schinken, Chorizo und Knoblauch hinzufügen, 2 Minuten unter Rühren braten, dann die Mischung mit Mehl bestreuen und dieses noch 1 Minute bräunen lassen. Anschließend nach und nach den Wein dazugießen, dabei ständig umrühren, damit keine Klumpen entstehen. Den Bratensatz mit einem Holzspatel lösen und die Sauce 1 Minute einkochen, bevor man die Tomaten dazugibt. Nach 5 Minuten Garzeit die Schneckenhäuser in den Topf legen, mit 100 Milliliter Wasser aufgießen und zugedeckt, ohne umzurühren, 10 Minuten schmoren lassen. Heiß mit Cocktailspießchen servieren.

Zubereitungszeit: 15 Minuten – Garzeit: 35 Minuten – Ergibt 6 kleine Portionen

Gebratene Entenleber »Casa Peral«

200 g rohe Entenleber, in 12 Scheiben geschnitten (1 cm dick)
12 Scheiben Landbrot
2 EL Sherryessig
2 EL Zucker
30 g Quittenbrot (schnittfeste Paste, Konfekt), in 12 Würfel geschnitten

Eine kleine beschichtete Pfanne stark erhitzen. Portionenweise darin die Entenleberscheiben 30 Sekunden von jeder Seite anbraten und anschließend auf die Baguettescheiben legen.

Das Fett aus der Pfanne entfernen. Den Sherryessig und den Zucker darin 15 Sekunden zu einem dicken Sirup einkochen.

Auf jede Entenleberscheibe ein Stück Quittenbrot legen und mit einem Cocktailspießchen fixieren. Mit etwas heißem Sirup beträufeln und sofort servieren.

Die Entenleberscheiben sind sehr schnell zubereitet. Da man sie sehr heiß genießen sollte, empfiehlt es sich, die benötigte Menge jeweils frisch zu braten.

Zubereitungszeit: 5 Minuten – Garzeit: 3 Minuten – Ergibt 12 Brotscheiben

Chorizo mit Zwiebelkonfitüre auf Landbrot

Für die Zwiebelkonfitüre
4 EL Olivenöl
3 kleine Zwiebeln, halbiert, in feine Scheiben geschnitten
2 EL Zucker, Salz
1½ TL Sherryessig
1½ TL Korianderkörner
1 Lorbeerblatt
Pfeffer aus der Mühle

18 Scheiben Bellota-Chorizo
18 kleine, dicke Scheiben Landbrot

Für die Zwiebelkonfitüre in einem Topf mit dickem Boden das Öl stark erhitzen und darin die Zwiebeln 3 Minuten anbraten, bis sie weich sind. Mit dem Zucker bestreuen, salzen und bei geringer Hitze zugedeckt etwa 10 Minuten garen, dabei oft umrühren. Essig, Korianderkörner und Lorbeerblatt hinzufügen und ohne Deckel 5 Minuten weiterkochen, um die Flüssigkeit verdampfen zu lassen. Pfeffern und abkühlen lassen.

Die Chorizo auf die Brotscheiben verteilen und mit der Zwiebelkonfitüre garnieren.

Zubereitungszeit: 15 Minuten – Garzeit: 20 Minuten – Ergibt 18 kleine Brotscheiben

Gebratene Entenleber »Casa Peral«

Chorizo mit Zwiebelkonfitüre auf Landbrot

Kaufen Sie, wann immer Sie die Möglichkeit dazu haben, Chorizo von erstklassiger Qualität. Sie hält sich sehr lange und ist ein praktischer Vorrat, um daraus zahlreiche typische spanische Tapas zu improvisieren.

Brot mit Chorizo und Käse überbacken (oben)
Chorizo in Wein gegart (unten rechts)

Geschmorte Lammkeule mit Safran

Brot mit Chorizo und Käse überbacken

18 Scheiben Landbrot
150 g scharfe Chorizo, in feine Scheiben geschnitten
120 g Cabrales (siehe Seite 156) oder ein anderer Blauschimmelkäse

Das Brot im Ofen rösten. Mit den Chorizoscheiben belegen, jeweils etwas Käse daraufgeben und die Brötchen nochmals für 2 Minuten in den Ofen schieben, damit der Käse schmilzt und leicht goldbraun wird. Heiß servieren.

Zubereitungszeit: 10 Minuten – Garzeit: 5 Minuten – Ergibt 18 Brotscheiben

Chorizo in Wein gegart

300 ml Rot- oder Weißwein
300 g Koch-Chorizo

Den Wein in einem Topf zum Kochen bringen. Die Chorizo im Ganzen hineinlegen und 15 bis 20 Minuten köcheln lassen. Herausnehmen und in Scheiben schneiden. Auf Tellerchen anrichten und mit etwas gekochtem Wein beträufeln.

Zubereitungszeit: 5 Minuten – Garzeit: 15 Minuten – Ergibt 6 Portionen

Geschmorte Lammkeule mit Safran

15 Safranfäden
850 g Lammkeule (Unterschenkel) mit Knochen
1 Zwiebel, in feine Schnitze geschnitten
3 Knoblauchzehen, geschält
3 EL fein geschnittene glatte Petersilie
2 kleine Tomaten, gewürfelt
1 EL mildes, geräuchertes Paprikapulver
125 ml trockener Sherry

Den Ofen auf 150 Grad vorheizen. Den Safran 5 Minuten in 1 Esslöffel heißem Wasser einweichen. Dann zusammen mit allen übrigen Zutaten in einen Schmortopf geben, der so groß bemessen ist, dass die Lammkeulenstücke dicht nebeneinander darin gerade Platz finden. Den Topf zugedeckt in der Mitte des Backofens einschieben und alles 2½ bis 3 Stunden schmoren lassen, bis sich das Fleisch von selbst vom Knochen löst. Die Lammkeulenstücke herausnehmen, das Fleisch vom Knochen lösen und in mundgerechte Stücke schneiden, warm halten.

Falls die Sauce zu flüssig ist, noch einige Minuten einkochen. Die Sauce über das Lammfleisch gießen und das Gericht mit kleinen Gabeln servieren.

Tipp: Es braucht die lange Kochzeit zugedeckt im Ofen. Prüfen Sie die Konsistenz nach 2½ Stunden und lassen Sie das Fleisch falls nötig noch etwas weitergaren.

Zubereitungszeit: 15 Minuten – Garzeit: 2 ½ bis 3 Stunden – Ergibt 6 Portionen

Kroketten mit Serrano-Schinken

3 nicht zu große Eier
4 EL Olivenöl
60 g Mehl
½ l Milch
50 g gekochte Fleisch- oder Fischreste, gehackt
50 g Serrano-Schinken, gehackt
Salz, Pfeffer aus der Mühle, Muskatnuss
150 g Semmelbrösel
1½ l Olivenöl zum Frittieren

Die Krokettenmasse bereits am Vortag zubereiten. Dazu 1 Ei mit Wasser bedeckt zum Kochen bringen und 6 Minuten kochen. Mit kaltem Wasser abschrecken, schälen und fein hacken.

Das Olivenöl in einem Topf mit dickem Boden erhitzen. Das Mehl darin bei mittlerer Hitze 1 Minute anbräunen, dabei ständig umrühren. Nach und nach die Milch dazugießen und dabei immer kräftig rühren, damit sich keine Klumpen bilden. Dann weitere 5 Minuten unter ständigem Rühren eindicken lassen. Das gekochte, gehackte Ei, die Fleisch- oder Fischreste, den Serrano-Schinken, Salz, Pfeffer und Muskatnuss dazugeben und noch 20 Minuten bei ganz geringer Hitze weiterbraten. Bei Zimmertemperatur abkühlen lassen und dann über Nacht in den Kühlschrank stellen.

Kurz vor dem Servieren die restlichen 2 Eier in einer kleinen Schüssel verquirlen. Die Semmelbrösel auf einen großen Teller geben, salzen und pfeffern.

Kleine Löffelvoll von der Krokettenmasse abnehmen und oval formen. In das verquirlte Ei tauchen und dann in den Semmelbröseln wenden, bis sie rundherum gut damit bedeckt sind. In mehreren Portionen im 160 Grad heißen Frittieröl jeweils 3 bis 4 Minuten ausbacken. Auf Küchenpapier abtropfen lassen und sofort servieren.

Zubereitungszeit: 25 Minuten – Kühlzeit: 1 Nacht – Garzeit: 35 Minuten – Ergibt 18 Kroketten

Süße Tapas

Traditionell gibt es keine süßen Tapas. Wenn Sie aber spanisch inspiriert einen ganzen Tapas-Abend mit Freunden planen, wird diese kleine Note zum Abschluss die Süßschnäbel unter Ihren Gästen erfreuen …

Kleine Schokoladencreme-Töpfchen

100 g Zartbitterschokolade sehr guter Qualität
125 ml Milch
125 ml Crème fraîche
1 Vanilleschote, längs aufgeschlitzt, ausgekratzt
2 Eigelb
50 g Zucker

Die Schokolade klein hacken oder noch besser reiben. In eine nicht zu große Schüssel geben.

Einen mittelgroßen Topf mit kaltem Wasser ausspülen, ohne ihn abzutrocknen (die Wasserschicht verhindert, dass die anschließend zugegebene Milch am Topfboden anbrennt). Milch, Crème fraîche und die Vanilleschote samt ausgekratztem Mark hineingeben. Langsam zum Kochen bringen und abseits vom Herd 5 Minuten ziehen lassen. Dann die Vanilleschote entfernen und die Creme durch ein feines Sieb streichen.

Die Eigelbe mit dem Zucker 2 Minuten zu einer hellen, schaumigen Creme schlagen. Die Crème-fraîche-Mischung vorsichtig dazugießen und dabei mit einem Holzlöffel ständig rühren. Die Creme in einen sauberen, mit Wasser ausgespülten (und nicht abgetrockneten) Topf geben und 6 bis 7 Minuten bei kleiner Hitze eindicken lassen, dabei ständig rühren. Es soll eine dickflüssige Creme entstehen, die einen Löffelrücken überzieht und darauf liegen bleibt.

Die Creme zur zerkleinerten Schokolade gießen und ständig weiterrühren, bis eine homogene Masse entstanden ist. In kleine Eisbecher oder Gläser füllen und im Kühlschrank mindestens 2 Stunden fest werden lassen.

Tipp: Wählen Sie für dieses Rezept Schokolade bester Qualität, die aber nicht zu bitter ist. Wenn Sie eine Schokolade mit sehr hohem Kakaoanteil verwenden, nehmen Sie etwas mehr Zucker.

Zubereitungszeit: 15 Minuten – Garzeit: 20 Minuten – Kühlzeit: 2 Stunden – Ergibt 6 kleine Portionen

Verwenden Sie für dieses Rezept Schokolade von bester Qualität – sie muss jedoch nicht unbedingt einen sehr hohen Kakaoanteil haben. Reiben Sie die Schokolade, wenn möglich. Dann schmilzt sie leichter und muss dazu nicht zu stark erhitzt werden.

Kleine Schokoladencreme-Töpfchen

Butterplätzchen mit Pinienkernen und Pfeffer

Butterplätzchen mit Pinienkernen und Pfeffer

150 g Mehl
½ TL Natron
½ TL Salz
125 g weiche Butter
60 g Zucker
½ TL frisch gemahlener schwarzer Pfeffer
1 Ei, leicht verquirlt
60 g Pinienkerne, geröstet

Das Mehl mit Natron und Salz durchsieben. Mit dem Handrührgerät Butter, Zucker und Pfeffer aufschlagen, bis sich nach 2 bis 3 Minuten eine leichte, luftige Creme gebildet hat. Das verquirlte Ei dazugeben und 30 Sekunden weiterschlagen. Dann das Mehl in mehreren Portionen, jeweils etwa 4 Esslöffel, darunterheben, zuletzt die Hälfte der Pinienkerne daruntermischen.

Zwei Backbleche mit Backpapier belegen. Den Teig in kleinen runden Häufchen daraufsetzen, dabei genügend Abstand lassen. Die restlichen Pinienkerne in die Teighäufchen drücken und diese im Ofen bei 190 Grad 10 Minuten backen.

Bei Zimmertemperatur auf dem Backblech abkühlen lassen. Mit Schokoladencreme, einem Glas süßem Sherry oder einem Espresso genießen.

Zubereitungszeit: 15 Minuten – Garzeit: 10 Minuten – Ergibt 18 Plätzchen

Ausgebackene Briocheschnittchen mit Zimt

¼ l Milch
1 Zimtstange, halbiert
abgeriebene Schale von 1 Zitrone
4 nicht zu große Eigelb
30 g Zucker
25 g Butter
1 EL Olivenöl
100 g Brioche, in Vierecke geschnitten
gemahlener Zimt

Einen Topf mit kaltem Wasser ausspülen, ohne ihn abzutrocknen (die Wasserschicht verhindert, dass die anschließend zugegebene Milch am Topfboden anbrennt). Die Milch in den Topf geben, Zimtstange und abgeriebene Zitronenschale hinzufügen und zum Kochen bringen.

Die Eigelbe mit dem Zucker in einer Schüssel schaumig schlagen. Dann vorsichtig die heiße Milch unter ständigem Rühren dazugießen und 15 Minuten lauwarm abkühlen lassen.

Butter und Olivenöl in einer Pfanne erhitzen. Die Briochescheiben in die Eimasse tauchen und dann 4 Minuten goldbraun ausbacken, dabei einmal wenden. Auf einen Teller legen und mit Zimt bestreuen. Heiß servieren.

Zubereitungszeit: 15 Minuten – Garzeit: 10 Minuten – Ergibt 15 Briochescheiben

Achten Sie darauf, dass die Briochescheiben schön goldbraun
und nicht zu schnell dunkel werden.

Ausgebackene Briocheschnittchen mit Zimt

Anis-Zitronen-Sorbet

100 g Zucker
abgeriebene Schale von 1 Zitrone
Saft von 3 Zitronen
1 EL gemahlener Anis

Den Zucker und die abgeriebene Zitronenschale mit ½ Liter Wasser in einem Topf vermischen. Zum Kochen bringen und 5 Minuten bei ganz schwacher Hitze köcheln, dann abkühlen lassen.

Sobald der Zuckersirup lauwarm abgekühlt ist, Zitronensaft und Anis darunterrühren und die Mischung in der Eismaschine gefrieren. Das Sorbet in kleinen Gläsern servieren.

Tipp: Wenn man keine Eismaschine zur Verfügung hat, kann man die Mischung auch in Eiswürfelbehälter gießen und 3 Stunden gefrieren lassen. Zum Servieren die Eiswürfel in der Küchenmaschine zerkleinern, bis ein leichtes Granité entsteht (einige Sekunden genügen).

Zubereitungszeit: 10 Minuten – Kochzeit: 5 Minuten – Gefrierzeit: 3 Stunden – Ergibt 6 bis 8 Portionen

Anis-Zitronen-Sorbet

Zartschmelzender Mandel-Schokoladen-Kuchen

100 g Zartbitterschokolade
100 g Butter
3 große Eier, Eigelb und Eiweiß getrennt
75 g Zucker
50 g geschälte Mandeln, leicht geröstet, fein gemahlen
30 g Mehl
125 ml fruchtiges Olivenöl nach Belieben

Den Ofen auf 180 Grad vorheizen. Eine kleine Kastenform buttern und mit Mehl bestäuben.

Die Schokolade in Stücke brechen, mit der Butter in eine Schüssel geben und über einem heißen Wasserbad schmelzen. Sobald die Schokolade geschmolzen ist, die Schüssel vom Wasserbad nehmen.

Vom Zucker 2 Esslöffel zurückbehalten. Die Eigelbe mit dem restlichen Zucker 2 Minuten hell und schaumig schlagen. Die Eiweiße zu festem Schnee schlagen und dabei den restlichen Zucker einrühren.

Die Eigelbmischung unter die geschmolzene Schokolade rühren, die gemahlenen Mandeln und das Mehl hinzufügen und zuletzt nach und nach den Eischnee darunterziehen.

Den Teig in die Form gießen und 25 bis 30 Minuten im vorgeheizten Ofen garen. Der Teig darf noch etwas flüssig erscheinen. Den Kuchen abkühlen lassen, aus der Form nehmen und in mundgerechte Stücke teilen. Nach Belieben mit einem Schälchen Olivenöl servieren, in das man die Kuchenstücke taucht, bevor man sie verzehrt: Diese überraschende Verbindung ist köstlich!

Zubereitungszeit: 20 Minuten – Garzeit: 35 Minuten – Ergibt 6 Portionen

Melonenwürfel mit Sherry

½ l trockener Sherry
60 g Zucker
1 Zimtstange
½ Zitrone, in feine Scheiben geschnitten
1 Honigmelone oder Galiamelone, geschält, in große Würfel geschnitten

Den Sherry mit Zucker, Zimtstange und Zitronenscheiben in einem Topf mischen. Zum Kochen bringen und 10 Minuten leicht sprudelnd kochen lassen.

Die Melonenwürfel in eine Schüssel geben und mit dem heißen Sherrysirup übergießen. Bei Zimmertemperatur lauwarm abkühlen lassen, dann mindestens 2 Stunden in den Kühlschrank stellen.

Zum Servieren die Melonenwürfel mit dem Sherrysirup in kleinen Gläsern servieren. Cocktailspießchen hineinstecken.

Zubereitungszeit: 10 Minuten – Garzeit: 15 Minuten – Kühlzeit: 2 Stunden – Ergibt 6 kleine Gläser

Glossar

Anchovis Eine der Grundzutaten für Tapas. Sardellenfilets werden dazu in eine würzige Ölmarinade oder in Salz eingelegt. Sie sind als ganze Filets als Konserve oder als Paste erhältlich.

Angulas (siehe Glasaale)

Banderilla Im Spanischen Bezeichnung der mit farbigen Bändern geschmückten Spieße, die dem Stier während des Stierkampfs in den Nacken gestoßen werden. Auf Tapas bezogen, versteht man darunter dekorative Spießchen, die oft mit in Essig eingelegten Zutaten garniert sind.

Bellota bedeutet »Eichel« und wird für alle Produkte aus iberischem Schweinefleisch angewandt. Diese halbwilden Schweine ernähren sich von den Eicheln der Kork- und Steineiche.

Boquerón Spanische Bezeichnung für Anchovis, die man oft auf den Konserven aus Spanien oder auf den Tapas-Menükarten findet.

Cabrales Blauschimmelkäse aus Kuh- oder Schafsmilch aus der Provinz Asturien.

Chipirones Baskische Bezeichnung für Tintenfische. Sie werden gefüllt, gegrillt, frittiert oder in ihrer Tinte gekocht.

Chorizo Spanische Wurstspezialität aus Schweinefleisch und Gewürzen, vor allem mildem oder scharfem Paprika, der ihr auch die rote Farbe verleiht. In Spanien gibt es verschiedene Arten von Chorizo, mehr oder weniger scharf gewürzte, Chorizo zum Kochen oder zum roh Aufschneiden. Die besten Sorten sind »Chorizo ibérico« oder »Chorizo bellota« aus dem Fleisch des schwarzen iberischen, mit Eicheln gemästeten Schweins.

Croquetas Diese kleinen Fisch- oder Fleischbällchen werden mit einer dicken, weißen, béchamelartigen Sauce zubereitet und anschließend frittiert.

Empañadas Halbmondförmige Teigtaschen, die mit Fisch oder Fleisch gefüllt und anschließend im Ofen gebacken oder frittiert werden.

Escabèche Marinade aus Essig, Lorbeerblatt, Gewürzen und Olivenöl.

Glasaale (Angulas) Diese winzigen, jungen Aale (spanisch »Angulas«, französisch auch »Civelles« und im Baskenland »Pibales« genannt) sind als Konserve, mit Knoblauch, Chili und Olivenöl eingelegt, erhältlich. Die wenige Zentimeter langen Fischchen sind transparent bis weißlich, äußerst zart und ein kulinarischer Hochgenuss.

Guindillas Lange, ziemlich dünne Paprikaschoten, die vor allem in Navarra und im Baskenland angebaut werden. Normalerweise werden sie in Essig eingelegt verkauft.

Iberisches Schwein Die schwarze, halbwilde iberische Schweinerasse gibt es nur in Spanien. Schinken, Chorizo und Filetschinken (Lomo) dieser Schweine kommen unter der Bezeichnung »ibérico« oder »ibérico bellota« in den Handel. Da diese Rasse schwarze Hufe hat, heißt sie im Spanischen auch »Pata negra«, und die Wurst- und Fleischprodukte werden ebenfalls unter diesem Namen verkauft.

Idiazabal Baskischer Hartkäse aus Ziegenmilch, eines der ältesten Produkte Spaniens. Ein fester, dichter Käse, der mindestens 3 Monate reift und geräuchert oder ungeräuchert erhältlich ist.

Jabugo Dorf in der spanischen Provinz Huelva in Andalusien, das für seinen Schinken (Pata negra) bekannt ist.

Jamón Spanischer Ausdruck für Schinken, roh oder gekocht.

Kapern sind die Blütenknospen des Kapernstrauches, die gepflückt wurden, bevor sie ganz geöffnet sind. Meist werden Kapern zur Haltbarmachung in Essig eingelegt. Für die Verwendung in der Küche empfiehlt es sich, möglichst kleine Kapern zu verwenden.

Lomo ibérico (siehe auch iberisches Schwein) Luftgetrockneter (gebeizter) Rohschinken vom Lendenstück des iberischen Schweins, eines der edelsten Produkte unter den spanischen Wurstwaren. Er ist besonders mager, zart marmoriert und durch die Eichelmast ausgesprochen aromatisch.

Manchego Fester Hartkäse aus Schafmilch aus der Provinz La Mancha mit intensivem, leicht salzigem Geschmack. Käse, der mindestens 3 Monate gereift ist, trägt die Bezeichnung »curado« (gereift), während Käse, der 1 Jahr gereift ist, als »viejo« (alt) bezeichnet wird.

Membrillo Dieses spanische Quittenbrot (eine schnittfeste Paste, Konfekt) wird traditionell zum Manchego oder ähnlichen Käsesorten gegessen. In der neuen spanischen Küche findet es in verschiedenen Gerichten Verwendung.

Monte Enebro Traditioneller spanischer Ziegenkäse, der vor allem in Kastilien und Leon hergestellt wird.

Morcilla Spanische Blutwurst aus Schweinefleisch, Schweineblut, Zwiebeln, Gewürzen (u.a. mildem Paprika), Reis (in der Morcilla aus Burgos) oder Brotkrume (in jener aus León).

Olivenöl Spanien ist der größte Olivenölproduzent der Welt. Man findet dort ein vielfältiges Angebot an Olivenölen, deren Preis je nach Qualität sehr unterschiedlich ist. Olivenöl hat einen charakteristischen Geschmack: fruchtig-mild, leicht bitter und manchmal auch mit einer Mandelnote. Das beste und qualitativ herausragendste Olivenöl (und auch das teuerste) ist das »Flor de Aceite« mit geschützter Herkunftsbezeichnung; es stammt aus der ersten Kaltpressung. Wie Olivenöl extra vergine wird es für Salate oder andere kalte Zubereitungen verwendet. Zum Kochen verwendet man vorzugsweise die Qualitätsstufe Olivenöl vergine (raffinierte Öle haben weniger Säure, aber sie haben auch weniger Geschmack).

Pata negra (siehe iberisches Schwein) Nach ihren schwarzen Hufen benannte iberische Schweinerasse, aus deren Fleisch die besten Wurstspezialitäten der iberischen Halbinsel hergestellt werden. Der Pata-Negra-Schinken ist eine der teuersten, aber zweifellos auch eine der schmackhaftesten Schinkensorten.

Ñora-Schoten Mild und fruchtig schmeckende rote Pfefferschoten (Chilis). Sie werden getrocknet oder auch gemahlen als Pulver angeboten. Das gemahlene Gewürz kann durch den im Handel leichter erhältlichen Piment d'Espelette ersetzt werden. Aber Vorsicht, dieser hat einen etwas kräftigeren Geschmack.

Pimentón Spanische Bezeichnung für geräuchertes Paprikapulver, das es in den Geschmacksrichtungen mild oder kräftig zu kaufen gibt. Mit ihm wird die Chorizo gewürzt. »Pimentón de la vera« ist die geschützte Herkunftsbezeichnung für ein spanisches Paprikapulver mit einem sanften Räuchergeschmack, das in La Vera in Andalusien hergestellt wird.

Pimientos de Padrón Kleine, grüne, eher milde, ab und zu auch etwas schärfere Paprikaschoten aus Padrón in Galizien, die meist frittiert gegessen werden.

Pimientos del piquillo
Diese kleinen spanischen Paprikaschoten haben einen milden, rauchigen Geschmack. Geschält und gegrillt werden sie als Konserve im Glas oder in der Dose verkauft. In Feinkostgeschäften findet man auch Piquillos, die mit Stockfisch gefüllt sind.

Pincho Baskische Bezeichnung für Tapas.

Safran Die Mauren haben dieses Gewürz nach Spanien gebracht, und heute ist Spanien einer der Hauptexporteure des kostbaren Gewürzes. Er wird hauptsächlich in La Mancha, im Zentrum Spaniens angebaut. Die Safranfäden sind die Fruchtknoten einer Krokusart. Für 100 Gramm Safrangewürz braucht es rund 50 000 Blüten, was den hohen Preis von Safran erklärt. Es empfiehlt sich, Safran eher in Form von Fäden als in Pulverform zu kaufen: Die Fäden haben einen intensiveren Geschmack und eine bessere Qualität.

Sardellen In manchen Rezepten werden frische Sardellen verwendet. Im Aussehen ähneln diese kleinen, fettreichen Fische aus der Heringsfamilie der Sardine, ihr Geschmack ist aber feiner.

Serrano Oberbegriff für spanischen Rohschinken (Jamón serrano bedeutet eigentlich »Gebirgsschinken«, vom spanischen Wort für Gebirge, »sierra«). Trägt der Serrano-Schinken nicht zusätzlich noch die Bezeichnung »ibérico«, »bellota« oder »pata negra« bedeutet dies, dass er vom hellhäutigen Hausschwein stammt und nicht vom dunkelhäutigen iberischen Schwein. Damit er die Herkunftsbezeichnung »serrano« tragen darf, muss der Schinken mindestens 36 Wochen luftgetrocknet sein.

Sherry In den Weinbergen von Jerez de la Frontera, im Süden Andalusiens, wächst einer der berühmtesten Weine Spaniens. Die Sherryweine umfassen ein breites Spektrum, vom ganz trockenen bis hin zum süßen Likörwein. »Amontillado« und »Oloroso« sind dunkler und haben einen würzigeren Geschmack. »Manzanilla« ist leichter im Geschmack. »Dulces« sind recht süß und werden aus sehr reifen Trauben gewonnen. Es sind sehr liebliche Weine, die meist zum Dessert getrunken werden.

Sherryessig Dieser Essig wird aus dem Wein der Gegend von Jerez hergestellt und reift 6 Monate oder mehr in Eichenfässern. »Reserva« heißt der Essig dann, wenn er länger als 2 Jahre gelagert ist.

Stockfisch Der zur Haltbarmachung in grobes Salz eingelegte und getrocknete Stockfisch wird in der spanischen und portugiesischen Küche häufig verwendet. Vor dem Verzehr muss er mehrere Stunden unter mehrmaligem Wechseln des Wassers eingeweicht und entsalzt werden.

Tortilla Spanisches Omelett, meist mit Kartoffeln zubereitet, wobei es aber auch Rezepte mit anderen Zutaten gibt. Der Tortilla entkommt man nicht, man findet sie in allen Tapas-Bars …

Thunfisch, weißer Besonders im Norden des Landes wird häufig der »Bonito del Norte« genannte weiße spanische Thunfisch verwendet. Sein Fleisch ist schmackhafter und zarter als das des roten Thunfischs. Besonders köstlich schmeckende Stücke stammen aus dem Bauch des weißen Thunfischs, der meist in Olivenöl eingelegt im Handel ist.

Rezeptverzeichnis

Die Rezepte nach Produkten

Valérie Berry

in Paris geboren, lebte einige Zeit in den USA, wo sie ihr eigenes Catering-Unternehmen führte, später in London, wo sie als Restaurant-Testerin tätig war. Sie arbeitet heute als Food-Stylistin für Werbung, Zeitschriften und Buchproduktionen. Diese unterschiedlichen Erfahrungen haben zu ihrer Leidenschaft für alles, was mit Essen und Trinken zu tun hat, beigetragen.

Deirdre Rooney

Stylistin und Fotografin, Produktionen für große Zeitschriften und Zeitungen wie »Marie Claire«, »House & Garden«, »Martha Stewart Living« und »The Sunday Times«. Daneben zahlreiche Kochbuchproduktionen.

Die Originalausgabe dieses Buches ist unter dem Titel »Basic Tapas« 2007 bei Marabout / Hachette, Paris, erschienen. © Marabout 2007.

Aus dem Französischen übersetzt von Barbara Buchwalter und Claudia Mousson-Lestang

Für die deutschsprachige Ausgabe:
© 2008
AT Verlag Baden und München
Druck und Bindearbeiten: Estella Graficas, Spanien
Printed in China

ISBN 978-3-03800-434-9

www.at-verlag.ch